THOMAS VON KRAFFT · DR. EDWIN SEMKE

Talente
entdecken und fördern

- ➤ Finden Sie heraus, was in Ihrem Kind steckt
- ➤ Fundierte Tests zu allen 10 Talent-Bereichen
- ➤ Mit Begabungsprofil und zahlreichen Fördertipps

Inhalt

Ein Wort zuvor	5
Talente finden und fördern	**7**

Talent und Begabung – was ist das eigentlich? — 8

Besondere Gaben: Sind sie angeboren oder erlernt? — 8

Wie man Talente erkennt und fördert — 9

Begabungsforschung gestern und heute — 11

Die Fahndung nach Talenten — 11

Werden Talente in der Schule entdeckt? — 15

Wie Eltern Talenten auf die Spur kommen — 17

Welche Fragen kann ein Test beantworten? — 18

Was in einen wissenschaftlichen Test gehört — 18

Wir fragen – der Test antwortet? — 20

Fragebögen für Sie und Ihr Kind — 21

Der Begabungstest und seine zehn Bereiche — 21

PRAXIS

Der große Begabungsfragebogen — 27

Gut beobachtet: So nutzen Sie die Fragebögen — 28

Soziale Kompetenz: allgemein — 29

Soziale Kompetenz – was ist das? — 29
Fragebogen für Eltern — 32
Fragebogen für Kinder — 33

Soziale Kompetenz: Verträglichkeit — 34

Fragebogen für Eltern — 35
Fragebogen für Kinder — 36

Leistungsmotivation — 37

Fragebogen für Eltern — 38
Fragebogen für Kinder — 39

Räumliches Denken — 40

Fragebogen für Eltern — 41
Fragebogen für Kinder — 42

Logisches Denken	43
Fragebogen für Eltern	44
Fragebogen für Kinder	45
Sprachliche Fähigkeiten	47
Fragebogen für Eltern	50
Fragebogen für Kinder	51
Sportliche Fähigkeiten	52
Fragebogen für Eltern	55
Fragebogen für Kinder	56
Praktisches Geschick	57
Fragebogen für Eltern	58
Fragebogen für Kinder	59
Musikalität	60
Fragebogen für Eltern	62
Fragebogen für Kinder	63
Kreativität	64
Fragebogen für Eltern	65
Fragebogen für Kinder	66
Die Auswertung	67
Auswertung der Persönlichkeitsmerkmale	70
Soziale Kompetenz	70
Verträglichkeit	72
Leistungsmotivation	73
Auswertung zu den 7 Begabungen	75
So fördern Sie Ihr Kind	79
Starthilfe für Ihr Kind: So entfaltet sich Talent	80
So fördern Sie die soziale Kompetenz	83
Verträglichkeit – das rechte Maß entscheidet	88
So unterstützen Sie Ihr Kind	88
Einen guten Mittelweg finden	92
Leistungsmotivation fördern: Lernen mit Lust	94
Wie Sie räumliches Denken unterstützen	97
Einfach klar: Logisches Denken leicht gemacht	101
Wenn Reden Gold ist: Sprachliche Fähigkeiten	104
Immer vorwärts: Sportliche Fähigkeiten üben	109
Messer, Zange, Stift: Praktisches Geschick	112
Im Reich der Töne und Noten: Musikalität	114
Kreativität fördern – die Fantasie beflügeln	117
Zum Nachschlagen	121
Bücher, die weiterhelfen	121
Adressen, die weiterhelfen	123
Register	126
Impressum	128

Ein Wort zuvor

Es hat schon eine magische Ausstrahlung, dieses Wort: *Talent*. Sobald sich Menschen darüber unterhalten, werden sie von einer beinahe spirituellen Ehrfurcht erfasst. »Sie ist unser größtes Nachwuchstalent!« heißt es stolz, oder »Man hat es – oder man hat es nicht«, manchmal sogar »Dem hat's der liebe Gott im Schlaf gegeben«.

Die schicksalhaften Gaben – so genannte Begabungen –, mit denen wir Individuen so unterschiedlich ausgestattet sind, beschäftigten die Menschen schon in der Antike. Der römische Historiker und Dichter Titus M. Plautus schrieb bereits um 200 v. Chr.: »Die größten Talente liegen oft im Verborgenen.«

Heute versucht die moderne Forschung, Intelligenz und Begabungen genetisch zu identifizieren. Dabei stoßen Wissenschaftler auf immer komplexere Zusammenhänge. Selbst Optimisten gehen deshalb davon aus, dass sich hier erste Erfolge frühestens in 30 bis 50 Jahren zeigen werden – wenn es überhaupt jemals gelingen wird, das Geheimnis der Talente zu entschlüsseln.

Zwei entscheidende Aufgaben werden in Bezug auf Begabungen jedoch sicher bestehen bleiben: die Entdeckung und die Förderung. Auf diesen Gebieten gibt es noch genug zu tun. Denn obwohl dazu in den vergangenen Jahrzehnten viel geforscht wurde und sich inzwischen weltweit Menschen für die bessere Diagnose, Förderung und Nutzung von Begabungen einsetzen, gilt es nach wie vor als sehr schwierig, Begabungen zu entdecken.

Neueste Untersuchungen weisen darauf hin, dass eine Vernetzung verschiedener diagnostischer Quellen – also zum Beispiel Ergebnisse von Tests, kombiniert mit Einschätzungen von Eltern und Lehrern – die besten Ergebnisse bringt. Deshalb bietet Ihnen dieses Buch neben Informationen und vielen Fördertipps vor allem die Möglichkeit, Ihre wertvollen Erfahrungen und Beobachtungen zu den Begabungen Ihres Kindes mit Hilfe eines systematischen Fragebogens darzustellen und zu interpretieren. Die Erkenntnisse, die Sie dabei gewinnen, können bei der Schulwahl, der Bewertung und Einordnung von Schulnoten und der Auswahl von Freizeitaktivitäten von großem Nutzen sein.

Thomas von Krafft
Dr. Edwin Semke

Talente finden und fördern

Begabung, Genie, Talent – was versteht man eigentlich darunter? Werden einem die besonderen »Gaben« in die Wiege gelegt – oder kann man sie erlernen? Schon lange stellen sich Menschen diese Fragen. Einige Antworten darauf finden Sie auf den folgenden Seiten.
Sie erfahren auch, was in Schule und Elternhaus für eine erfolgreiche Talentsuche getan werden kann, mit welchen Instrumenten man dabei am erfolgreichsten arbeitet – und wie die nötigen wissenschaftlichen Tests und standardisierte Fragebögen aussehen müssen.

Talent und Begabung – was ist das eigentlich?

Musik, Malerei, Wissenschaft – alle Menschen, die auf diesen Gebieten Beeindruckendes erreichten, haben eines gemeinsam: Sie haben ein ganz besonderes »Talent«.

Was aber ist das – Talent? Was versteht man unter einer Begabung? Wie kommt es, dass manche Menschen auf einem bestimmten Gebiet über außergewöhnliche Fähigkeiten verfügen? Eltern interessiert außerdem natürlich ganz besonders: Wie erkenne ich bei meinem Kind, welche besonderen Begabungen es mitbringt? Und wie fördere ich seine individuellen Talente und Anlagen?

Besondere Fähigkeiten erkennen

● Als Begabung bezeichnet man eine angeborene Veranlagung oder Befähigung, die erklärt, warum ein Mensch überdurchschnittliche Leistungen im wissenschaftlichen, praktisch-technischen oder künstlerischen Bereich erreicht.

● Der Begriff Talent geht zurück auf das griechische »tálanton« (Waagschale). Als Talent bezeichnet man eine überdurchschnittliche angeborene Veranlagung für bestimmte Fähigkeiten, die aber noch nicht die Schöpferkraft des Genialen erreicht.

● Genie ist die Bezeichnung für intellektuell, insbesondere kreativ-schöpferisch höchstbegabte Menschen. Statistisch sind das nur etwa 0,1 Prozent der Bevölkerung.

Besondere Gaben: Sind sie angeboren oder erlernt?

Immer wieder stellt sich auch die Frage, warum jeder einzelne Mensch über bestimmte Talente und Fähigkeiten verfügt, mehr oder weniger stark ausgeprägt. Sind Talente etwas, was einem in die Wiege gelegt wird und dann unwiderruflich da ist – oder auch nicht? Oder werden Begabungen und Talente vielleicht doch durch die Umwelt eines Menschen bedingt? Dieser Disput wird in den letzten Jahren immer leiser. Es gibt praktisch keinen ernst zu nehmenden Begabungsforscher mehr, der davon ausgeht, dass besondere Leistungen entweder ausschließlich durch die Anlagen bedingt sind oder nur durch Lernvorgänge und

Woher Talent kommt

Umweltbedingungen bestimmt werden. Vielmehr hat sich die Ansicht durchgesetzt, dass beides – angeborene Veranlagung und Umweltbedingungen – für unsere Leistungen verantwortlich ist. Es wird lediglich weiter danach geforscht, welches Verhältnis bei unterschiedlichen Begabungen zwischen Veranlagung und äußeren Einflüssen bestehen könnte. Untersuchungen dazu zeigten zum Beispiel, dass eine musikalische Begabung zu etwa 60 Prozent durch Anlagen, zu 40 Prozent von der Umwelt bedingt ist. Bei der Intelligenz liegt dieses Verhältnis bei etwa 70 zu 30 Prozent.

Ein Mix aus Genen und Erziehung

Auch bei Persönlichkeitseigenschaften lassen sich solche Verhältnisse bestimmen. So zeigen Untersuchungen, dass zum Beispiel Schüchternheit in hohem Maße vererbt wird, während Kommunikationsfähigkeit deutlich besser durch Förderung beeinflussbar ist, also eher von der Umwelt eines Kindes abhängt.

Begabung oder Talent sollte deshalb nicht als eine feste Größe angesehen werden, sondern als ein Zusammenspiel von angeborenen Fähigkeiten und Lernumgebung. Wie sehr ein Talent also zum Tragen kommt, wird durch viele Faktoren bestimmt, vor allem aber durch die vielfältigen Wechselwirkungen und Rückkopplungen zwischen Anlage- und Umweltfaktoren.

Wie man Talente erkennt und fördert

Die individuelle Begabungsförderung, in Nordamerika oder Japan längst gängige Praxis, hält seit wenigen Jahren auch im deutschsprachigen Raum Einzug und gewinnt – zumindest in der öffentlichen Diskussion – langsam die ihr angemessene Bedeutung. Es geht dabei um die individuellen Begabungen aller Kinder, ob sie nun mehr oder weniger stark ausgeprägt sind.

Bei uns aber hält sich leider nach wie vor hartnäckig der Irrglaube, Begabungen würden sich schon von ganz allein ihren Weg bahnen, und jeder, der nur genau hinschaut, könnte sie erkennen. Gerade die neuesten Forschungsergebnisse zum Thema Begabung zeigen jedoch etwas ganz anderes: Eine Untersuchung der Psychologin Dr. Heidrun Stöger an der Universität Ulm belegte, dass bisherige Einschätzungen noch sehr ungenau sind, so zum Beispiel die Beurteilung der kindlichen Talente durch Eltern und Lehrer: Selbst wenn es darum geht, Hochbegabte herauszufinden, werden lediglich 20 bis 30 Prozent von ihnen

Eine schwierige Fahndung

Neue Wege beschreiten

durch Lehrer identifiziert! Bedenkt man, dass nur in wenigen Fällen überhaupt mehrere oder gar alle Möglichkeiten der Talentsuche ausgeschöpft werden, wird der gewaltige Bedarf an einer verbesserten Begabungsdiagnostik deutlich. Die aktuelle Begabungsforschung fördert damit Erkenntnisse zutage, die ein Weiter-, ja vielleicht sogar ein Umdenken notwendig machen.

Erfolgreiche Talentsuche – eine Frage der Kombination

Als das mit Abstand beste Instrument zur Identifikation von Begabungen stellte sich inzwischen der standardisierte Test heraus. Damit werden immerhin etwa 70 Prozent der Begabungen bei getesteten Kindern entdeckt. Manche Untersuchungen zeigten sogar noch deutlich bessere Ergebnisse.

Leider wissen bisher viele Eltern noch gar nicht, welche Möglichkeiten es auf dem Gebiet gibt. In diesem Buch finden Sie einen solchen standardisierten Test (siehe ab Seite 28) sowie Kontaktadressen, unter denen Sie erfahren, wo und wie Ihr Kind getestet werden kann (siehe Anhang, Seite 124).

Tests helfen weiter

Den allerbesten und genauesten Einblick in die Begabungs- und Intelligenzstruktur Ihres Kindes erhalten Sie, wenn Sie die Ergebnisse des Fragebogens in diesem Buch mit einer professionellen Begabungsanalyse kombinieren. Wenn Sie versteckten Talenten Ihres Kindes auf der Spur sind, ist es außerdem wichtig, dass Sie einen solchen standardisierten Test mit anderen Möglichkeiten kombinieren. Das heißt, Eltern, Lehrer, Erzieher und andere Bezugspersonen der Kinder sollten aufmerksam gegenüber den Leistungen der kleinen Lerner sein – und ihr Wissen auch regelmäßig untereinander austauschen.

> **WICHTIG**
>
> **Fragen und Antworten rund um den Begabungstest**
>
> Viele Menschen setzen immer noch eine Begabungsanalyse mit einem Intelligenztest gleich. Die Ergebnisse eines Intelligenztests sind aber nur ein kleiner Teil einer umfassenden Begabungsanalyse.
> Auch der Unterschied zwischen begabt und hochbegabt ist für die meisten nicht klar definiert: Grundsätzlich werden die besten 2 Prozent der Begabten als hochbegabt bezeichnet. Diese Unterscheidung ist jedoch in der modernen Persönlichkeitspsychologie immer mehr umstritten, weil Begabung nicht qualitativ, sondern nur quantitativ zu unterscheiden ist. Hochbegabte denken demnach nicht unbedingt anders als andere Menschen, sondern lediglich schneller und effizienter.

Begabungsforschung gestern und heute

Das Bedürfnis, psychische Störungen, individuelle Verhaltensmuster, Persönlichkeitsmerkmale, spezielle Eignungen und Fähigkeiten oder die Intelligenz zu erfassen, ist alt: Schon in der Antike befassten sich die Menschen damit – schon damals mutmaßten Philosophen und Dichter, dass die meisten menschlichen Begabungen unerkannt blieben. Ende des 18. Jahrhunderts ermahnte dann Johann Wolfgang von Goethe die jüngere Generation: »Was du von deinen Vätern hast erhalten, erwirb es, um es zu besitzen!«

Was Menschen schon lange fragen

Reichlich 100 Jahre später, um 1900, bemerkte William Stern, der Erfinder des Intelligenzquotienten IQ: »Wir kennen noch nicht genau das Vorkommen aller möglichen Rohstoffe, aber von der Größe und Art unseres Schatzes an geistigen Rohstoffen – das sind unsere Begabungen – wissen wir beschämend wenig; und doch ist die Kenntnis nicht weniger wichtig als die materiellen Hilfsmittel!«

Im Jahr 2001 schließlich bemerkte der Begabungsforscher Prof. Detlef Rost von der Universität Marburg: »Begabungsförderung ist ein Menschenrecht. Die individuelle Förderung kommt grundsätzlich zu kurz.«

Jedes Kind ist einzigartig. Aber nicht immer so, wie die Eltern es gern hätten.

Die Fahndung nach Talenten

Vor allem in den letzten Jahrzehnten wurde auf dem Gebiet der Differenziellen Psychologie (siehe Kasten Seite 13) vieles erforscht und entdeckt. Zunehmend wird klar, dass es bei der Suche nach individuellen Talenten um nicht weniger als die Suche des Menschen nach sich selbst geht. Und gerade diese »Selbsterkenntnis« gewinnt heute immer mehr an Bedeutung.

Die Unterschiede anerkennen

Begabungsforschung gestern und heute

Die ersten Schritte auf einem langen Weg

Im 18. Jahrhundert versuchten Wissenschaftler, mit Hilfe der so genannten Phrenologie – einer »Schädeltheorie« – Licht ins Dunkel der Begabungen zu bringen. Die Phrenologen glaubten, aus kleinen Abweichungen und Unterschieden der Kopfform Persönlichkeitsmerkmale, Eigenschaften und Fähigkeiten herauslesen zu können. Abbildungen aus dieser Zeit zeigen Menschen mit einer Art Drahthelm auf dem Kopf und einer Vielzahl von Schrauben. Diese allzu wörtlich genommene »Psychometrie« – also eine Messung des Geistes – lieferte jedoch keine wirklich verwertbaren Ergebnisse und hat in der heutigen Forschung keinen Platz mehr.

Irrwege der Psychologie

Phrenologen versuchten, Talente anhand der Kopfform zu entschlüsseln.

Das Prinzip: Versuch und Irrtum

Erste dokumentierte Versuche, Intelligenz und andere Persönlichkeitsmerkmale zu messen, unternahm der Naturforscher und Verwandte von Charles Darwin, Sir Francis Galton (1822–1911). Seine Methoden wirken aus heutiger Sicht unbeholfen, teilweise sogar absurd, aber es waren schließlich die allerersten Gehversuche. Er testete Intelligenz zum Beispiel, indem er mit Hilfe einer Pfeife herausfand, in welcher Tonhöhe eine Testperson Geräusche noch hören konnte. Je höhere Töne die Person wahrnahm, desto intelligenter war sie seiner Ansicht nach. In einem anderen Test ließ Galton die Teilnehmer bestimmen, ob gleich aussehende Schachteln mit Gewehrpatronen oder Watte schwerer waren, bei einem weiteren testete er, wie empfindsam seine Probanden für Rosenduft waren.

Tests für alle Sinne

Als der New Yorker Psychologe James McKeen Cattell 1890 prüfte, wie solche Testergebnisse zum Beispiel mit Schulnoten und anderen Leistungen in Verbindung stehen, konnte wie zu erwarten kein Zusammenhang nachgewiesen werden.

Menschen wachsen mit dem Wissen – nicht nur mit den Jahren

Die Erfindung der geistigen Messlatte

Im Jahre 1905 folgte ein wesentlich erfolgreicherer Test, entwickelt von dem Franzosen Alfred Binet und seinem Kollegen Théodore Simon. Der Test sollte die geistigen Fähigkeiten bei Kindern so erfassen, dass eine Vorhersage über ihren Schulerfolg möglich wurde. Binet und Simon testeten dabei, wie groß der Wortschatz eines Kindes war, sein Sprachverständnis und die Fähigkeit, logische Zusammenhänge zwischen Begriffen zu erkennen. Letzteres wurde mit Fragen wie zum Beispiel der folgenden getestet: »Was haben eine Orange, eine Birne und ein Apfel gemeinsam?«

Eine erste einheitliche Norm

Als Ergebnis dieses Tests erhielten Binet und Simon – zum Vergleich mit dem biologischen Alter der Kinder – auch ein Intelligenzalter. So konnten sie feststellen, ob ein Kind akzeleriert war – also »seiner Zeit voraus« –, wenn das Intelligenzalter höher war als das biologische Alter, oder retardiert – zurückgeblieben –, wenn das Intelligenzalter niedriger war als das biologische Alter. Der Test war so erfolgreich, dass eine Weiterentwicklung davon noch heute, vor allem in den USA, unter dem Namen Stanford-Binet-Test angewendet wird.

Die Geburtsstunde des IQ

Tests für Sprache und Logik

1911 prägte dann der deutsche Wissenschaftler William Stern den allseits bekannten Begriff des Intelligenzquotienten, kurz IQ. Stern ermittelt ihn aus der Formel: Intelligenzalter (ermittelt durch den Test) geteilt durch das tatsächliche Lebensalter, mal 100. War das durch den Test ermittelte Intelligenzalter höher als das biologische Alter, so lag der Intelligenzquotient über dem Durchschnitt (über 100) – und umgekehrt. 1939 führte David Wechsler die nach ihm benannte Wechsler-Skala ein. Es ist das an der Gauß'schen

---

Eine kleine Geschichte der Psychologie

Die Psychologie als Wissenschaft gibt es seit etwa 150 Jahren. Ein Begründer dieser Wissenschaft war der Mediziner, Psychologe, Physiologe und Philosoph Wilhelm Maximilian Wundt (1832–1920), der 1879 in Leipzig das weltweit erste psychologische Institut gründete.

Ein Teilgebiet dieser Wissenschaft wurde dann vor etwa 100 Jahren die Differenzielle Psychologie. Sie beschäftigt sich hauptsächlich mit der Analyse und Beschreibung individueller Unterschiede bei den einzelnen Menschen.

Normalverteilung orientierte Intelligenzmodell, das wir heute größtenteils verwenden. Von einem Durchschnittswert 100 ausgehend, zeigt es die Verteilung nach links (geringerer Wert) und nach rechts (höherer Wert), eingeteilt in so genannte Standardabweichungen (jeweils 15 Punkte).

Der Versuch, sich selbst einzuordnen

Diese Verteilung gilt für alle Begabungsbereiche und Persönlichkeitsmerkmale. Die Darstellung ist deshalb so interessant, weil sie genau zeigt, wo der Getestete mit seiner Leistung steht, egal, ob nun logisches Denken, Teamfähigkeit oder Beweglichkeit getestet wird. Das heißt, man sieht im Diagramm nicht nur das Testergebnis als absoluten Wert, sondern auch auf einen Blick, wie viel Prozent aller getesteten Personen niedrigere oder höhere Werte erzielt haben.

Der wohl bekannteste in Deutschland verwendete Einzel-IQ-Test, der auf dieser Skala basiert, ist der Hamburg-Wechsler-Intelligenztest, kurz HAWIE, oder für Kinder HAWIK genannt.

Fähigkeiten, die messbar sind

Im Laufe der Entwicklung der Differenziellen Psychologie kristallisierten sich einige klassische Bereiche heraus, in denen Fähigkeiten mittels Intelligenztests ermittelt werden können. Dazu gehören: logisches Denken, sprachliche Fähigkeiten, räumliches Vorstellungsvermögen und teilweise praktisches Geschick.

Beurteilung per Intelligenztest

Das Spektrum der getesteten Leistungs- und Persönlichkeitsmerkmale erweitert sich bis heute ständig. Neuere Ansätze von Robert J. Sternberg und Howard Gardner fordern, noch mehr unabhängige »Intelligenzen« zu berücksichtigen, wie zum Beispiel Musikalität, Kreativität, kinästhetische, emotionale und sogar spirituelle Fähigkeiten.

Tests, die Geheimnisse lüften

Ein Angebot, das Eltern unmittelbar nutzen können, und das die neuesten Erkenntnisse berücksichtigt, ist der Begabungs-Check (Adresse siehe Anhang, Seite 124). Bei diesem Testverfahren werden mehrere Persönlichkeitsmerkmale und Begabungsbereiche einzeln erfasst und interpretiert. Die Ergebnisse eines solchen Tests können die Grundlage sein, um einem Kind ein angemessenes, individuelles und differenziertes Förderangebot unterbreiten zu können. Dazu muss die Begabungsanalyse entsprechend differenziert sein.

Persönlichkeit und Begabung

Werden Talente in der Schule entdeckt?

Die Realität hierzulande

Zielgerichtete Förderung begabter Kinder gehört nicht zum Standard an deutschen Schulen. Sie ist immer noch ein Sonder- oder Zusatzangebot, auch wenn sich viele Lehrerinnen und Lehrer bereits in diesem Bereich engagieren. Dabei wären gezieltes und umfassendes Erkennen und Fördern von Talenten für den Schulalltag sehr sinnvoll: Auf Gebieten, in denen Kinder und Jugendliche talentiert sind, lernen sie schneller und können mehr erreichen. In diesen Bereichen wollen Kinder aber auch mehr gefordert werden. Nur sehr anspruchsvolle und differenzierte Unterrichtsmodelle werden deshalb den Ansprüchen aller Schüler mit ihren individuellen Begabungen gerecht.

In großen Klassen gibt es oft keine Gelegenheit, jedes Kind individuell zu unterstützen.

Talente fördern – wie geht das in der Schule?

Förderung nur vereinzelt möglich

Die Einführung spezieller Klassen, in denen Schüler zum Beispiel den Abschluss ein Jahr früher machen als alle anderen, sind ein Versuch, Hoch- oder besonders Begabten gerecht zu werden. Hier wird jedoch meist nicht auf die Art der Begabung – kreativ, musikalisch oder sprachlich – geachtet, sondern nur aufgrund guter Schulnoten ausgewählt. Nötig wäre aber ein Angebot für alle Schüler, denn alle haben ihre Begabungen.

Eine weitere Möglichkeit, allerdings wieder nur für besonders Begabte, ist das Überspringen einer Klasse. Ob das möglich ist, muss in spezialisierten Beratungsstellen abgeklärt werden. Allerdings betrifft dieses Angebot jeweils nur einen geringen Prozentsatz der Schüler. Gezielter und wirksamer wird mit bestimmten Projektgruppen auf Begabungen eingegangen – etwa mit der Theaterwerkstatt, dem Aufbaukurs Mathematik oder einem Förderkurs für kreatives Denken. Aber solche Programme werden nur punktuell von engagierten Schulen angeboten. Und dabei ist nicht immer die Frage nach der richtigen Begabungsdiagnostik beantwortet.

Selbst Lösungen finden

Talentsuche in der Schule – hier sind die Grenzen

Keines der oben genannten Angebote ist bei uns flächendeckend in den Schulalltag integriert. Kinder und Eltern haben in dieser Hinsicht entweder Glück – oder eben auch nicht. Dabei sehen die meisten Lehrer die Notwendigkeit einer Begabungsanalyse und -förderung genau! Aber angesichts großer Klassen von teilweise über 30 Schülern, großer Leistungsunterschiede innerhalb der Klasse von förderbedürftig bis hochbegabt, Lehrer- und Finanzknappheit gibt es in der Regel wenig Spielraum für individuelle Begabungsförderung.

Handlungsbedarf für die Zukunft

Außerdem werden selten professionell durchgeführte Testverfahren herangezogen, die tatsächliche Begabungsschwerpunkte bei den Schülern identifizieren könnten. Und wenn, so wird oft lediglich ein Test zur akademischen Intelligenz durchgeführt. Eine vollständige Begabungsanalyse für Kinder finden viele Eltern jedoch wichtig, weil sie hier im Schulsystem noch eine entscheidende Lücke sehen. Eltern haben oft das Gefühl, dass im Schulbetrieb die individuellen Begabungen ihres Kindes keine Bedeutung haben und nicht gefördert werden. Viele würden sich zum Beispiel wünschen, dass es für Kinder, die in einem bestimmten Fach sehr gute Noten erzielen, eine Art Aufbauprogramm gibt, das Lust macht und mehr herausfordert.

Werden Sie aktiv – Ihrem Kind zuliebe

Im Bereich der Entwicklung persönlicher Potentiale sehen sich die Eltern deshalb selbst in der Pflicht. Mit dem Begabungstest ab Seite 28 erkennen Sie die Stärken Ihres Kindes besser. Und haben die Möglichkeit, individuell und gezielt Stärken zu fördern, aber auch auf Defizite zu reagieren. Nicht selten erreichen Eltern durch ihr Engagement in diesem Bereich eine Verbesserung der gesamten Stimmungslage und auch des Notendurchschnitts bei ihrem Kind.

Unterstützung für begabte Kinder

Wie Eltern Talenten auf die Spur kommen

Eltern wollen ihre Kinder glücklich und unbekümmert aufwachsen sehen. Es ist richtig und selbstverständlich, dabei zuerst an Liebe, Geborgenheit und Sicherheit zu denken. Irgendwann, meist mit dem Schuleintritt, beginnen sich Eltern aber auch zu fragen: Was wird aus unserem Kind? Wie können wir es in seiner Entwicklung unterstützen? Was können wir ihm mitgeben, was es später gut gebrauchen kann? Die Erkenntnis über das wirkliche Begabungsspektrum des Kindes ist ein erster Schritt zu einer angemessenen Förderung. Deshalb finden Sie in diesem Buch einen systematisierten Fragebogentest, den Eltern und Kinder selbstständig ausfüllen können (siehe ab Seite 28). Dieser soll Ihnen dabei helfen, individuelle Begabungen möglichst gut einzuschätzen.

Eine stabile, vertrauensvolle Beziehung ist die beste Basis, um Ihr Kind optimal zu fördern.

Was ist »das Beste« für ein Kind?

Förderung – liebevoll und sensibel

Alle Eltern wollen »das Beste« für ihre Kinder. Aber was ist das eigentlich? Das Beste für Ihr Kind sind im Idealfall natürlich Sie, die Eltern. Um ihm aber auch das Beste in Sachen Förderung zu geben, müssen Sie selbst ein bisschen zu Experten werden. Sie wissen sehr viel über Ihren Sprössling. Aber einseitige Fixierung und – meist unbewusste – Vorurteile verfälschen oft den Blick bei der Beurteilung des eigenen Kindes. Scheuen Sie sich deshalb nicht, auch Menschen zu fragen, die Ihr Kind aus anderen Bereichen seines Lebens gut kennen. Vielleicht werden Sie manchmal überrascht sein, welche Fähigkeiten und Eigenschaften anderen Menschen an Ihrem Kind auffallen!

Welche Fragen kann ein Test beantworten?

Gerade in den letzten Jahren erleben psychologische Tests einen wahren Boom. Das liegt vor allem daran, dass immer mehr Menschen bewusst wird, wie wichtig es ist, bestimmte individuelle Voraussetzungen und Fähigkeiten zu erkennen, gezielt zu fördern und zu nutzen. Auch Erkenntnisse aus Genetik, Pädagogik und anderen Wissenschaften sprechen dafür.

Der Nutzen guter Tests ist dabei unbestreitbar, etwa bei der Berufs- und Studienwahl, bei beruflicher Neuorientierung oder in der Psychodiagnostik. Inzwischen werden viele neue Testverfahren angeboten. Es ist deshalb wichtig, auf die Qualität zu achten: Seriöse Testverfahren müssen Gütekriterien erfüllen, sozusagen einen Test-TÜV bestehen.

Hoher Maßstab für Qualität

Was in einen wissenschaftlichen Test gehört

Die wichtigsten Gütekriterien für einen wissenschaftlich anerkannten, standardisierten Test sind Objektivität, Zuverlässigkeit und Gültigkeit (siehe Übersicht auf der rechten Seite).

Auch die Normierung eines Tests ist wichtig. Wer etwas messen möchte, braucht einen Bezugspunkt: Wenn Sie in einem Test 40 Punkte erreichen, können Sie dieses Ergebnis erst einordnen, wenn Sie die Ergebnisse anderer Menschen aus einer großen Gruppe kennen, zu der Sie gehören. Das kann zum Beispiel eine bestimmte Alters- oder Berufsgruppe oder ein bestimmter Kulturkreis sein. Nur ein solcher Vergleich ermöglicht überhaupt eine Aussage darüber, ob zum Beispiel ein Talent wirklich hoch ist oder nur so empfunden wird.

Viele Aspekte berücksichtigen

Warum Gütekriterien sinnvoll sind

Begabungsanalyse und -förderung ist ein komplexes Thema – wie die meisten psychologischen Aspekte, die bei einer Person hinterfragt und bewertet werden sollen. Die Ergebnisse des Fragebogens sollen Ihnen eine systematisierte Aufstellung über die Begabungen Ihres Kind im

Was in einen wissenschaftlichen Test gehört

> **WICHTIG**
>
> ### Tests auf dem Prüfstand
>
> | KRITERIUM | TESTVERFAHREN | BEISPIEL: WAAGE |
> |---|---|---|
> | **Objektivität** | Testleiter und Testort haben bei gewissenhafter Durchführung keinen Einfluss auf das Testergebnis. | Ort, Zeit und durchführende Personen haben keinen Einfluss auf das Messergebnis. |
> | **Reliabilität** (Zuverlässigkeit) | Tests mit Vergleichsgruppen und Tests, die mit derselben Gruppe in gewissem Abstand noch einmal durchgeführt werden, ergeben ähnliche Ergebnisse. | Die Waage zeigt immer dasselbe Gewicht an, wenn man denselben Gegenstand mehrmals nacheinander wiegt. |
> | **Validität** (Gültigkeit) | Der Test misst, was er vorgibt, zu messen, zum Beispiel logisches Denken, Leistungsmotivation oder Kreativität. | Gemessen wird das Gewicht (nicht Zeit oder Temperatur). |

Vergleich mit anderen Kindern geben. Die Basis dafür sind Ihre eigenen Beobachtungen und Erfahrungen mit Ihrem Kind.

Es ist sehr wichtig, dass diese Bewertung mit Hilfe eines festen Fragenkatalogs erfolgt, nur so werden die Ergebnisse der Kinder miteinander vergleichbar. Der Grund: Die gegenseitige Einschätzung der Personen in kleineren Gruppen schwankt in der Regel stark. Zum Beispiel sehen und beurteilen in den meisten Fällen die Eltern ihre Kinder deutlich anders als Geschwister, Lehrer, Mitschüler oder Freunde. Hinzu kommt außerdem, dass jeder »Tester« in solchen Gruppen auch eigene Ziele bei der Beurteilung verfolgt und so – meist ohne es zu wollen – das Ergebnis zusätzlich verfälscht. Deshalb: Erst der große, unabhängige Vergleich gibt uns Orientierung. Und diesen Vergleich kann ein systematischer Fragebogen liefern.

Individuelle Beweggründe beachten

Den genannten Kriterien muss jedes Testverfahren folgen, ob es nun ein Leistungstest, eine repräsentative Umfrage oder ein Fragebogen ist. Auch die Fragebogen in diesem Buch mussten durch den »wissenschaftlichen TÜV«. Die Länge, die Verständlichkeit und das Antwortformat der Fragen wurden mehrmals kritisch überprüft. In einem Vortest wurden die besten Fragen statistisch ermittelt und auf den Gegenstand der Untersuchung bezogen. Weder die Auswertung noch die Interpretation der Ergebnisse wurden dem Zufall überlassen.

Objektive Grundlagen schaffen

Welche Fragen kann ein Test beantworten?

Ein Test für die Tests

Die Interpretation der Ergebnisse stützt sich auf eine repräsentative Normstichprobe. Nach all diesen Vorbereitungen entsprechen die Fragebögen in diesem Ratgeber den geltenden Maßstäben: Sie sind objektiv, ausreichend genau und messen wirklich das, was sie messen sollen.

Wir fragen – der Test antwortet?

Bevor ein Test erstellt wird, muss vor allem klar sein, welche Fragen damit beantwortet werden sollen. Das klingt simpel, ist es aber meist ganz und gar nicht. Für den Test in diesem Ratgeber war also das zugrunde liegende Begabungsmodell ebenso wichtig wie die Methode der Einschätzung und Diagnose.

Wer Begabungen erkennen und angemessen fördern will, braucht ein theoretisches Fundament. Was heißt das? Es ist zum Beispiel entscheidend, ob ein Beobachter oder Tester »Kreativität« als eigenständige Begabung betrachtet oder nicht. Nur wenn das der Fall ist, kann überhaupt Kreativität als Begabung bei Ihrem Kind diagnostiziert werden. Nicht zuletzt aufgrund solcher theoretischer Vorgaben werden immer noch etwa die Hälfte aller Hochbegabten in Deutschland nicht erkannt, und viele nicht Hochbegabte zu ebensolchen ernannt! Ähnlich oder noch diffuser spielt sich die vermeintliche Begabungsanalyse bei begabten, aber nicht hochbegabten Schülern ab. Denn auch Schüler, die nicht zu den 2 Prozent Hochbegabten jedes Jahrgangs gehören, können durchaus sehr talentiert sein.

Kinder aufmerksam beobachten

Wenn wir uns daran erinnern, dass selbst die besten Diagnoseverfahren – einzeln angewandt – es nur auf eine Trefferwahrscheinlichkeit von etwa 70 Prozent bringen (siehe Seite 10), wird klar, wie wichtig jede Verbesserung der einzelnen Methoden ist. Und auch, wie sinnvoll eine geschickte Kombination der Methoden zur Einschätzung von Begabungen ist.

Eine kleine Künstlerin? Wer weiß! Setzen Sie Ihr Kind auch bei der Förderung nicht unter Druck.

Fragebögen für Sie und Ihr Kind

Wir haben unserem Fragebogentest vorsorglich ein sehr breites Begabungsmodell zugrunde gelegt, denn immer mehr geht man heute davon aus, dass jeder Mensch über Talente in mehreren voneinander unabhängigen Begabungsbereichen verfügt. Diese können sehr unterschiedlich ausgeprägt sein.

Wenn Sie alle Fragen des Tests (siehe ab Seite 28) vollständig beantwortet haben, entsteht ein Begabungsprofil mit ganz individuellen Ausprägungen (siehe Seite 69).

Die Vielfalt der besonderen Gaben

Der Begabungstest und seine zehn Bereiche

Wir haben in diesen Test zehn Bereiche aufgenommen, die mit Hilfe des Fragebogens erfasst werden. Sie entsprechen dem aktuellen Stand in der Begabungsforschung.

Neben sieben wichtigen Talentbereichen wurden drei so genannte nichtkognitive Persönlichkeitsmerkmale mit aufgenommen, die sehr bedeutsam für die Förderung von Begabungen sind: Soziale Kompetenz allgemein, Verträglichkeit als Teil der sozialen Kompetenz (siehe auch Kasten Seite 22) und Leistungsmotivation.

Auch soziale Fähigkeiten sind wichtig

Und das sind die zehn Bereiche:

- Soziale Kompetenz: allgemein
- Soziale Kompetenz: Verträglichkeit
- Leistungsmotivation
- Räumliches Denken
- Logisches Denken
- Sprachliche Fähigkeiten
- Sportliche Fähigkeiten
- Praktisches Geschick
- Musikalität
- Kreativität

Unterschiedliche Talente

> **WICHTIG**
> **Wieso ist Verträglichkeit wichtig?**
> Wir haben uns für eine Zweiteilung der sozialen Kompetenz entschieden. Zum einen finden Sie einen Überblick über soziale Fähigkeiten, die auf intrapersonellen (die eigene Person betreffenden) und interpersonellen (den Umgang mit anderen betreffenden) Kompetenzen basieren (siehe ab Seite 29).
>
> Im zweiten Teil (siehe ab Seite 34) wenden wir uns einer besonders bedeutsamen Komponente des Sozialverhaltens zu: der Verträglichkeit. Diese kann sich jedoch, wie Sie sehen werden, durchaus ungünstig auf die Person selbst auswirken, wenn sie zu stark ausgeprägt ist. Um Ihnen eine Orientierung zu geben, wo ein gesunder Mittelweg liegen kann und worauf Sie beim Verhalten Ihres Kindes achten können, haben wir die Verträglichkeit gesondert aufgenommen.

Bleiben Sie aufmerksam!

So ersparen Sie sich langes Suchen

Ein systematischer Beobachtungs-Fragebogen für Eltern und Kinder (siehe ab Seite 28) kann sehr hilfreich sein: Sie haben durch den täglichen Umgang eine hohe Kompetenz, Ihr Kind richtig einzuschätzen! Je zutreffender Ihnen das gelingt, desto besser für Ihr Kind. Warum?

- Es muss nicht alles Mögliche ausprobieren, um vielleicht irgendwann sein wahres Talent zu entdecken.
- Seine Aktivitäten werden weniger fremdgesteuert, weil Sie und Ihr Kind am besten über seine Stärken und Schwächen Bescheid wissen.
- Sie können Schulleistungen und Leistungen außerhalb der Schule besser interpretieren und beurteilen.
- Ihr Kind erhält genau die Begabungsförderung, die es braucht.
- Eltern und Kind(er) können mit Selbstbewusstsein und Gelassenheit an die Schul- und Freizeitplanung herangehen.

Beste Möglichkeiten schaffen

Wie gut kennen Sie Ihr Kind?

Erste Hinweise auf Begabungen eines Kindes lassen sich auch ohne Test und Fragebogen erkennen. Allerdings sollten folgende günstigen Voraussetzungen gegeben sein:

- Sie brauchen Zeit und Geduld für längere Beobachtung in unterschiedlichen Bereichen.
- Sie müssen über das notwendige »Expertenwissen« verfügen, um die von Ihrem Kind erbrachten Leistungen jeweils richtig interpretieren und einordnen zu können.

Der Begabungstest und seine zehn Bereiche

- Ein gewisses finanzielles Engagement ist nötig: Schließlich müssen Sie Ihrem Kind in mehreren Begabungsbereichen die Möglichkeit geben, verschiedene Hobbys länger auszuprobieren und zu üben.
- Ihr Kind muss all diese Bemühungen mitmachen und mit Spaß dabei bleiben. Man mag es nicht glauben, aber diese Voraussetzung ist oft am schwersten zu erfüllen.

Lust und Freude wecken

Wie geht es weiter?

Nach gründlicher Beobachtung im Alltag sollten Sie sich professionelle Instrumente zunutze machen. Denn auch das muss beachtet werden:
- Einschätzungen durch Einzelpersonen über die Begabungen eines Kindes sind subjektiv und unterliegen häufig persönlichen Erfahrungen, Wünschen, Hoffnungen und Projektionen.
- Vor allem im familiären Umfeld erleben wir häufig, dass sich Einschätzungen über die Talente eines Kindes deutlich voneinander unterscheiden, ja sogar gegensätzlich sind.
- Der einzelne subjektive Beobachter verfügt in der Regel in lediglich einem oder wenigen Begabungsbereichen über Expertenwissen. Unserer Erfahrung nach wird auf Gebieten, auf denen die Eltern oder Pädagogen keine Erfahrungen und kein Wissen haben, meist auch keine Begabung erkannt.

Meinungen miteinander vergleichen

Wunsch oder Wirklichkeit: Teilt Ihr Kind tatsächlich Ihre liebsten Interessen?

Wie entdecken Sie die Talente Ihres Kindes?

Mit dem Fragebogen in diesem Buch machen Sie sich die Talentsuche leichter und können Fehleinschätzung vermeiden. Als weitere Unterstützung dienen Ihnen folgende Anregungen: An einer Übersicht sehen Sie, welche Faktoren die Entwicklung von Begabungen beeinflussen (siehe rechts). Dieses so genannte Modell der triadischen Interdependenz wurde von F. J. Mönks im Jahre 1995 entwickelt.

Viele Einflüsse formen Ihr Kind

Eltern, Mitschüler, Freunde ... ein Kind hat viele Bezugspersonen.

Anhand des Diagramms wird deutlich, wie verschiedene Aspekte bei der Entfaltung einer Begabung zusammenwirken müssen. Mit den folgenden Fragen können Sie diese Faktoren für Ihr Kind bereits vor dem Test abklären.

Faktoren aus der Umwelt des Kindes

● Betrachten Sie Ihre Familiengeschichte: Womit beschäftigen oder beschäftigten sich Verwandte, Onkel, Tanten, Brüder, Schwestern, Eltern, Großeltern, Urgroßeltern? Wodurch zeichneten sie sich aus? Was waren ihre Berufe? Womit beschäftigten sie sich in der Freizeit? Worin waren sie besonders gut? Haben sie Auszeichnungen oder Preise für irgendwelche besonderen Leistungen erhalten? Was haben oder hätten sie immer gern getan? Machen Sie sich Notizen und suchen Sie nach Talenten und besonderen Fähigkeiten. Viele Eigenschaften werden vererbt und sind in Ihnen und Ihrem Kind angelegt.

● Wie ist Ihr Kind bisher gefördert worden? Was wurde ausprobiert? Wie lange – und wie erfolgreich? Wie reagierte Ihr Kind, als es nach anfänglichen schnellen Erfolgen etwas mühsamer wurde? Wie war oder ist das Verhältnis zu Lehrern in der Schule? Übten oder üben diese Ihrer Ansicht nach einen positiven Einfluss auf Ihr Kind aus? Ist Ihr Kind gern mit ihnen zusammen?

Sage mir, wer dein Freund ist ...

● Wo liegen die Interessenschwerpunkte in der Familie? Was wird im Hinblick auf Begabungen praktiziert? Spielen zum Beispiel Musik, Sport, bildende Kunst oder naturkundliche Exkursionen in Ihrem

Der Begabungstest und seine zehn Bereiche

Hobbys als Familienangelegenheit

Alltag eine Rolle? Welches Wissen gibt es in der Familie, das an die nächste Generation weitergegeben wird, zum Beispiel auf den Gebieten Naturwissenschaft, Medizin, Sport, Musik, Technik oder Kunst?

- Welche Freunde hat Ihr Kind? Und welchen Einfluss üben sie auf Ihr Kind aus? Womit befassen sich Bekannte und Freunde Ihres Kindes? Sind unter ihnen Vorbilder, die Ihr Kind bewundert – und warum? Was ist in seinem Freundeskreis anerkannt? Coolness, Widerstand, Nichtstun – oder Leistung und Erfolg?
- Wie ist die Grundhaltung in Ihrer Familie: Herrscht eher Schicksalsergebenheit (»Es kommt doch sowieso, wie es kommt«) oder ein Förder- und Lernklima? Welches Verhalten in der Familie wird geschätzt, welches nicht? Gilt es zum Beispiel viel, aktiv zu sein, etwas zu leisten oder irgendwo der oder die Beste zu sein?

Voraussetzungen, die direkt vom Kind abhängen

- Was tut Ihr Kind am liebsten? Wozu müssen Sie es nicht extra auffordern? Womit beschäftigt es sich selbstständig, auch längere Zeit?
- Womit beschäftigt sich Ihr Kind nur deshalb, weil es bei Ihnen oder Freunden »mitmachen« will oder soll?
- Was kann Ihr Kind gut – oder besser als andere?
- Worin macht Ihr Kind schnell Fortschritte, in welchen Bereichen fällt ihm das Lernen leicht?
- Was konnte Ihr Kind noch nie ausprobieren?

Darf Talent wachsen? Das hängt auch vom »Klima« in der Familie ab.

So kommen Sie auf die richtige Spur

All diese Fragen können nur Sie als Eltern wirklich vollständig beantworten. Ihre – ehrlichen – Erkenntnisse werden zur realistischen Begabungsanalyse Ihres Kindes beitragen. Vergleichen Sie später die Antworten mit den Ergebnissen des Fragebogens in diesem Buch. Suchen Sie nach Gemeinsamkeiten und Bestätigungen, nach dem roten Faden, und Sie sind den echten Begabungen Ihres Kindes auf der Spur.

PRAXIS
27

Der große Begabungs-fragebogen

Jedes Kind hat seine besonderen Vorlieben, Interessen und Fähigkeiten. Wohl alle Eltern fragen sich ab und an: Unser Kind malt so schön, formuliert auffallend gut, bewegt sich besonders geschickt oder bastelt tolle Sachen – aber hat es auch wirklich Talent und besondere Begabungen? Und wie können wir das feststellen?
Auf den folgenden Seiten finden Sie einen ausführlichen Test für zehn wichtige Bereiche der Persönlichkeit. Wenn Sie die Fragen darin ehrlich und vollständig beantworten, können Sie den Talenten Ihres Kindes auf die Spur kommen.

PRAXIS

Gut beobachtet: So nutzen Sie die Fragebögen

Sie wissen nun einiges über die Suche nach Talenten (siehe ab Seite 8) und sind bereit für den Test? Dann den Stift zur Hand – es geht los!

Einige Hinweise zu den Testfragen

Der Start in den Test

Lassen Sie sich und Ihrem Kind genügend Zeit, um über die einzelnen Aussagen nachzudenken und sich die richtige Antwort zu überlegen. Die Beantwortung der Fragen ist zeitlich nicht begrenzt. Wichtig ist aber immer: Bleiben Sie unbedingt sich selbst und Ihrem Kind gegenüber ehrlich. Auf keinen Fall sollten Sie versuchen, mit den Antworten ein bestimmtes »erwünschtes« Ergebnis zu erzielen. Dadurch würde das objektive Bild über die Begabungen Ihres Kindes verfälscht, und Sie bekämen durch den Test keine brauchbare Aussage. Also: Je ehrlicher, desto besser!

Konzentriert und ehrlich antworten

Vielleicht fällt Ihnen auf, dass sich manche Fragen in verschiedenen Bereichen wiederholen – das ist beabsichtigt. In diesen Fällen spielt eine bestimmte Aussage in unterschiedlichen Gebieten eine Rolle.

So antworten Sie

Viele Fragen kann man nicht eindeutig mit »Ja« oder »Nein« beantworten. Aus diesem Grund haben wir folgende Antwortskala von 1 bis 5 zugrunde gelegt.
1 = **trifft gar nicht zu**
2 = **trifft eher nicht zu**
3 = **trifft teilweise zu**
4 = **trifft weitgehend zu**
5 = **trifft vollkommen zu**

Die Bedeutung der Antworten

Kreuzen Sie jeweils die Aussage an, die am ehesten zutrifft. Sie finden diese Legende auf den folgenden Seiten jeweils noch einmal unter den Fragebögen.

Der Kinder-Fragebogen

Zu jedem Talent-Gebiet gibt es einen Eltern- und einen Kinder-Fragebogen. Eltern dürfen und sollen gerade den kleineren Teilnehmern – also Kindern zwischen 6 und 8 Jahren – die Aussagen erklären und anschließend noch einmal nachfragen, ob das Kind alles verstanden hat. Um ganz sicherzugehen, können Sie Ihrem Kind Gelegenheit geben, die Aussage mit eigenen Worten zu wiederholen. Erst dann wird die Antwort angekreuzt.

Soziale Kompetenz: allgemein

Das innere Gefühlsbarometer

Soziale Kompetenz wird definiert als die Fähigkeit, Stimmungen und Gefühle bei sich selbst und bei anderen zu erkennen und in angemessener Art und Weise mit ihnen umzugehen. Was bedeutet das aber nun ganz praktisch? Denken Sie doch einmal an eine gute Lehrerin in der Grundschule. Sie kann mit der Dynamik in der Klasse umgehen, Konflikte lösen, Streit schlichten, trösten, unterhalten, begeistern, aber auch für Ruhe sorgen und eine Atmosphäre der Konzentration schaffen. Sie versteht es, mit den Eltern zu sprechen und ihr Vertrauen zu gewinnen. Sie wird auch von ihren Kolleginnen respektiert, weil sie dasselbe tut, ehrlich ist, gut zuhört, kooperiert. Sie respektiert und berücksichtigt aber auch ihre eigenen Gefühle. Sie lernt aus Misserfolgen und kann diese Erfahrungen in der Zukunft nutzen …

Was für eine Lehrerin! Wenn sie neben ihrer fachlichen Ausbildung über eine so hohe soziale Kompetenz verfügt, kann das die Weichen für das ganze Leben der Kinder stellen. Der Wert einer solchen Person wird immer noch unterschätzt.

Wie man sozial kompetent agiert

Gemeinsame schöne Erlebnisse machen Ihr Kind emotional stark.

Soziale Kompetenz: allgemein

Zwei wichtige Aspekte

Wer sozial kompetent ist, kann mit seinen eigenen Gefühlen umgehen – und mit denen anderer Menschen. Daher gliedert sich soziale Kompetenz in zwei Bereiche (siehe auch Seite 22), die folgende Fähigkeiten beinhalten:

Intrapersonelle Kompetenz (eigene Gefühlswelt)

- die Fähigkeit, sich ein positives Selbstbild zu schaffen und aufrechtzuerhalten
- Selbstvertrauen
- Eigenmotivation, Begeisterungsfähigkeit
- die Fähigkeit, sich allein zu beschäftigen
- konstruktiv mit Ängsten und Niederlagen umgehen zu können

Sich selbst akzeptieren können

Interpersonelle Kompetenz (soziale Umwelt)

- die Fähigkeit, sich in andere hineinzuversetzen (Empathie)
- die Fähigkeit, konstruktiv mit Konflikten umzugehen
- die Fähigkeit, Beziehungen zu knüpfen und zu pflegen
- Teamfähigkeit: gemeinsam mit anderen Ziele und Arbeitsstrategien festlegen und umsetzen
- Kompromissbereitschaft
- Überzeugungskraft
- soziales Engagement

Jeder Mensch besitzt eine soziale Kompetenz

Selbstverständlich sind alle Menschen zu einem gewissen Grad sozial kompetent.
Soziale Kompetenz ist aber auch, wie alle anderen Fähigkeiten und Begabungen, bei den Menschen unterschiedlich ausgeprägt. Mädchen gelten allgemein als sozial kompetenter, weil sie sprachlich oft versierter, im Umgang mit Gefühlen empathischer, beim Streit kompromissbereiter und in Notsituationen hilfsbereiter sind als Jungen. Dies ist aber vermutlich vor allem durch die Erziehung bedingt.
Untersuchungen, etwa durch den australischen Kinderpsychologen Steve Biddulph, zeigen, dass alle Kinder ihre sozialen Fähigkeiten verbessern können.

Erziehung – hier wird die Basis gelegt

Wie sich soziale Kompetenz entwickelt

Menschliche Entwicklung kann – vor allem in den ersten Lebensjahren – ohne soziale Interaktion nicht oder nur sehr eingeschränkt stattfinden. Der Umgang, das Erleben und Verarbeiten emotionaler Ereignisse wie Zuwendung, Bestätigung, Ablehnung, Vertrautheit, Lachen, Berührung, Liebe, Freundschaft, Streit, Versöhnung, Verständnis,

Schöne Gefühle geben Kraft

PRAXIS
Wie sich soziale Kompetenz entwickelt

Ein erstes Indiz für Verträglichkeit: Wie gern teilt Ihr Kind mit anderen?

Den emotionalen Hunger stillen

Trauer, gemeinsames Glück und Geborgenheit sind die Voraussetzung für emotionales und soziales Lernen. Bleiben diese Erfahrungen mangelhaft, führt dies nicht nur zu einer Beeinträchtigung kommunikativer und sozialer Fähigkeiten, sondern auch zu geistigem und körperlichem Entwicklungsrückstand. Bei länger anhaltender sozialer Vernachlässigung ist ein solcher Rückstand später gar nicht mehr aufzuholen.

Individuelle Unterschiede

Die Entwicklung sozialer Verhaltensweisen wird sowohl durch Persönlichkeitsmerkmale als auch durch die Sozialerziehung bestimmt. Neuere Studien besagen, dass die wesentlichen Persönlichkeitsmerkmale wie Extro- oder Introversion, Kontaktfreudigkeit, Freundlichkeit oder Verträglichkeit (siehe ab Seite 34) bereits ab dem dritten Lebensjahr so vorhanden sind, wie sie bis zum Erwachsenenalter bleiben werden. Das heißt also: Obwohl gewisse Voraussetzungen für Persönlichkeitsmerkmale vererbt werden, tragen bereits und gerade in den ersten drei Lebensjahren Eltern und andere Bezugspersonen eine große Verantwortung als Vorbilder, um sozial erwünschte Aspekte der Persönlichkeit zu unterstützen. Auch wenn es manchmal scheint, als würden die Kinder einem solchen Vorbild noch keine oder nur sehr wenig Aufmerksamkeit schenken.

Soziale Kompetenz: allgemein

FRAGEBOGEN FÜR ELTERN

	1	2	3	4	5*
1. Ihr Kind zeigt soziales Engagement, es möchte zum Beispiel häufig »armen Menschen« etwas schenken.	☐	☐	☐	☐	☐
2. Ihr Kind hat einen ausgeprägten Gerechtigkeitssinn.	☐	☐	☐	☐	☐
3. Ihr Kind zeigt sich aufgewühlt und betroffen, wenn irgendwo ein Unglück passiert ist.	☐	☐	☐	☐	☐
4. Es sorgt dafür, dass andere nicht benachteiligt werden.	☐	☐	☐	☐	☐
5. Ihr Kind kümmert sich um kleinere Kinder.	☐	☐	☐	☐	☐
6. Ihr Kind ist hilfsbereit.	☐	☐	☐	☐	☐
7. Es zeigt häufig Mitgefühl mit Tieren und Pflanzen.	☐	☐	☐	☐	☐
8. Ihr Kind ist fähig, mit anderen Menschen zu fühlen.	☐	☐	☐	☐	☐
9. Ihr Kind teilt gern sein Spielzeug mit anderen Kindern.	☐	☐	☐	☐	☐
10. Ihr Kind schenkt gern.	☐	☐	☐	☐	☐
11. In Ihrer Familie gibt es eine Tradition des sozialen Engagements, man kümmert sich um andere Menschen.	☐	☐	☐	☐	☐
12. Ihr Kind geht Streitigkeiten lieber aus dem Weg.	☐	☐	☐	☐	☐

*1 = trifft gar nicht zu 2 = trifft eher nicht zu 3 = trifft teilweise zu
 4 = trifft weitgehend zu 5 = trifft vollkommen zu

Gesamtpunktezahl: ....

Verhalten altersgerecht beurteilen

Selbstverständlich sind die Entwicklung der Persönlichkeit und des Sozialverhaltens mit dem Eintritt in das vierte Lebensjahr nicht abgeschlossen. Manche soziale Verhaltensweisen, zum Beispiel die Sensibilität für die Bedürfnisse und Nöte anderer Menschen, zeigen sich überhaupt frühestens zwischen dem 3. und 6. Lebensjahr.

Wo soziale Kompetenz angewendet wird

Wer sozial kompetent ist, kann gut mit anderen Menschen umgehen, ist aber auch selbst emo-

PRAXIS
Wo soziale Kompetenz angewendet wird

Berufe für sozial Kompetente

tional stabil und belastbar. Jemand, der leicht Zugang zu Menschen findet, kann diese Fähigkeit in seinem Leben sehr unterschiedlich nutzen – auch beruflich. Zuerst denkt man dabei sicher an soziale, helfende Tätigkeiten. Aber auch ein guter Verkäufer braucht eine hohe soziale Kompetenz: etwa, um einzuschätzen, wie er sich verhalten muss, wenn er den Kunden zum Kauf bewegen möchte. Menschen in jeglichen Führungspositionen sollten sozial kompetent sein. Nur so können sie angemessen, in menschlicher, motivierender Weise reagieren und erfolgreich sein. Das ist gerade in den für moderne Unternehmen üblichen flachen Hierarchien wichtig. Soziale Kompetenz kann aber auch missbraucht werden, um zu verführen, zu manipulieren und Macht auszuüben. Deshalb ist es so wichtig, als Eltern frühzeitig ein gutes Vorbild für die gesellschaftlich erwünschte Seite der sozialen Kompetenz zu sein.

Normen und Moral sind wichtig

Soziale Kompetenz: allgemein

FRAGEBOGEN FÜR KINDER | 1 | 2 | 3 | 4 | 5*

1. Hast du gute Ideen, wie du ein weinendes Kind trösten kannst? ☐ ☐ ☐ ☐ ☐
2. Hilfst du gern, wenn man dich darum bittet? ☐ ☐ ☐ ☐ ☐
3. Schenkst du gern? ☐ ☐ ☐ ☐ ☐
4. Würdest du einem armen Menschen etwas aus deinem Sparschwein geben? ☐ ☐ ☐ ☐ ☐
5. Würdest du einen verletzten Vogel mit nach Hause nehmen und pflegen? ☐ ☐ ☐ ☐ ☐

* **1** = trifft gar nicht zu   **2** = trifft eher nicht zu   **3** = trifft teilweise zu
  4 = trifft weitgehend zu   **5** = trifft vollkommen zu

Gesamtpunktezahl: ....

Soziale Kompetenz: Verträglichkeit

Einfühlungsvermögen ist gefragt

Den meisten ist wahrscheinlich nicht sofort klar, wofür der Begriff »Verträglichkeit« steht. Viele haben dazu Assoziationen wie »verträglich – unverträglich« (etwa bei Lebensmitteln oder Medikamenten) oder »sich miteinander vertragen«, aber selten eine konkrete Vorstellung. Dabei gilt die Verträglichkeit in der Persönlichkeitsforschung als eines der wichtigsten Merkmale des Menschen. Verträglichkeit beschreibt in erster Linie das Verhalten eines Menschen gegenüber anderen, also einen Teil der so genannten interpersonellen Kompetenz (siehe Seite 30).

Wer sehr verträglich ist, denkt viel an andere: überlegt, ob er etwas für andere tun kann, ob jemand Hilfe braucht oder sich schlecht fühlt. Verträgliche Menschen begegnen anderen mit Verständnis, Wohlwollen und Mitgefühl. Sie sind bemüht, anderen zu helfen, und gehen davon aus, dass diese sich ebenso hilfreich verhalten werden. Sie neigen dazu, anderen zu vertrauen. Bereitschaft zur Kooperation, Nachgiebigkeit und ein starkes Harmoniebedürfnis sind weitere charakteristische Merkmale. Verträgliche Menschen sind nicht egozentrisch und nicht misstrauisch.

> **WICHTIG**
>
> ### Eine Eigenschaft mit Für und Wider
>
> Nachdem Sie den ersten Fragebogenbereich zur allgemeinen sozialen Kompetenz durchgelesen haben (siehe ab Seite 29), stoßen Sie nun auf einen zweiten Teil: Verträglichkeit. Warum wir ausgerechnet der Verträglichkeit einen so hohen Stellenwert eingeräumt haben? Zum einen, weil eine hohe Verträglichkeit sehr wohl positiv – und sozial äußerst erwünscht – ist, diese Kompetenz aber durchaus Aspekte hat, die unter Umständen ungünstig für die Person selbst sein können (siehe auch Seite 22).
>
> Darüber hinaus ist Verträglichkeit als Teil der sozialen Kompetenz heute schon besonders gut erforscht, was bei weitem nicht für alle Bereiche zutrifft.

Wie sich Verträglichkeit entwickelt

Gewisse Grundzüge verträglichen Verhaltens sind, mehr oder weniger stark ausgeprägt, vererbt. Entscheidend ist jedoch auch, wie sehr bestimmte Persönlichkeitsmerkmale durch das soziale Umfeld gefördert oder unterdrückt werden. Gilt zum Beispiel in einer Familie Verträglichkeit als sozial erwünschte Eigenschaft und wird sie auch vorgelebt, dann wird das – mehr als aktive Sozialerziehung (etwa durch Strafe und Belohnung) – positiven Einfluss auf die Entwicklung dieses Persönlichkeitsmerkmals haben. Allerdings spielen auch externe Einflüsse eine Rolle: Während Sie als

Ein schönes Erbe für Ihr Kind

Ihr aktives Vorbild ist wichtig

Soziale Kompetenz: Verträglichkeit

FRAGEBOGEN FÜR ELTERN

	1	2	3	4	5*
1. Ihr Kind hat einige gute Freunde in der Schule.	☐	☐	☐	☐	☐
2. Ihr Kind hat ein »versöhnliches« Wesen.	☐	☐	☐	☐	☐
3. Ihr Kind bevorzugt kooperative Spiele oder Aufgaben.	☐	☐	☐	☐	☐
4. Ihr Kind geht einem Streit lieber aus dem Wege.	☐	☐	☐	☐	☐
5. Ihr Kind versucht Menschen, die sich zerstritten haben, zusammenzuführen.	☐	☐	☐	☐	☐
6. Ihr Kind zeigt häufig Mitgefühl mit Tieren und Pflanzen.	☐	☐	☐	☐	☐
7. Ihr Kind zeigt häufig Mitgefühl mit anderen Menschen.	☐	☐	☐	☐	☐
8. Ihr Kind teilt gern sein Spielzeug mit anderen Kindern.	☐	☐	☐	☐	☐
9. Ihr Kind teilt gern seinen Snack mit anderen Kindern.	☐	☐	☐	☐	☐
10. Ihr Kind schenkt gern.	☐	☐	☐	☐	☐
11. Ihr Kind gibt einen großen Vertrauensvorschuss.	☐	☐	☐	☐	☐
12. Konflikte und Spannungen machen Ihr Kind traurig.	☐	☐	☐	☐	☐

* 1 = trifft gar nicht zu   2 = trifft eher nicht zu   3 = trifft teilweise zu
4 = trifft weitgehend zu   5 = trifft vollkommen zu

Gesamtpunktezahl: ....

Soziale Kompetenz: Verträglichkeit

Auch wichtig: Sind andere rücksichtsvoll?

Eltern wahrscheinlich Rücksicht, Fürsorge und Mitgefühl befürworten, bekommt Ihr Kind durch bestimmte Filme und Videos den Eindruck vermittelt, dass man niemandem trauen darf und immer zum Angriff bereit sein muss.
Oder eine Clique von Freunden vertritt die Meinung: Zu viel Mitgefühl verrät in Wirklichkeit Schwäche, zu viel Rücksicht hält doch nur auf. Sich auf dem Weg nach oben durchzusetzen ist nichts für Weicheier.
Welche Botschaft wird Ihr Kind annehmen? Das kann man nicht sicher voraussagen. Aber je stimmiger Sie Ihre Ideale vorleben, desto größer ist die Chance, dass Ihr Kind sie übernimmt.

Wo Verträglichkeit angewendet wird

Sehr verträgliche Menschen zeichnen sich durch ausgeprägtes Mitgefühl aus – vor allem gegenüber den Menschen, die Hilfe benötigen: etwa Kranken, Kindern, Senioren, Behinderten, Opfern von Straftaten. Verträgliche Menschen haben den Wunsch und die Fähigkeit, anderen in Notlagen zu helfen und Lösungen anzubieten, zum Beispiel durch Erziehung, Bildung, Betreuung, Beratung, Begleitung oder Pflege.
Sie sind daher oft in sozialen Berufen besonders erfolgreich, weil sie sehr mitfühlend, wohlwollend, verständnisvoll, hilfsbereit und vertrauenswürdig sind.

Berufe für verträgliche Menschen

Soziale Kompetenz: Verträglichkeit

FRAGEBOGEN FÜR KINDER

	1	2	3	4	5*
1. Verzeihst du einem Menschen schnell, der dich ungerecht behandelt hat?	☐	☐	☐	☐	☐
2. Kannst du auf Hilfe von anderen Kindern zählen?	☐	☐	☐	☐	☐
3. Findest du, dass der Klügere nachgeben sollte?	☐	☐	☐	☐	☐
4. Glaubst du, dass Menschen von Natur aus gut sind?	☐	☐	☐	☐	☐
5. Vertraust du fremden Menschen?	☐	☐	☐	☐	☐

* **1** = trifft gar nicht zu   **2** = trifft eher nicht zu   **3** = trifft teilweise zu
4 = trifft weitgehend zu   **5** = trifft vollkommen zu

Gesamtpunktzahl: ....

Leistungsmotivation

PRAXIS 37

Auch Ungeliebtes muss getan werden

Ein wunderbarer Samstagmorgen, die Welt ist sommerlich, jeder hat gute Laune. Nur einer ist deprimiert: Tom Sawyer. Er muss einen riesigen Zaun streichen. Dabei würde er viel lieber mit den anderen Jungen schwimmen gehen! Tom versucht mit einer Murmel einen Bekannten für die Aufgabe zu gewinnen. Vergebens! Er muss wohl die Arbeit allein tun – und auch noch den Spott der anderen Jungs ertragen ... Doch am Ende sitzt er im Schatten, beschenkt mit Sachen, die ein Jungenherz begehrt, Murmeln, Kaulquappen in einer Flasche, eine bunte Glasscherbe ... während seine Freunde begeistert zum dritten Mal den Zaun streichen! Tom gelang das Kunststück, andere für eine unbeliebte Arbeit zu begeistern, heute würde man sagen: zu motivieren.

Wie man Menschen beflügelt

Motivierungsversuche wie diesen – von Mark Twain im Jahr 1876 beschriebenen – haben etwa 80 Jahre später Psychologen untersucht, um die Grundlagen der Motivation zu erklären. Es geht dabei um die persönliche Erwartung, eine Aufgabe bewältigen zu können, sowie den Anreizwert, also die Aussicht, später stolz auf die Leistung sein zu können. Eine weitere Größe in der Rechnung ist die Personenkomponente: das Motiv. Dieses hängt von bisherigen Erfahrungen ab, die das Bewusstsein prägen.

Wie sich Leistungsmotivation entwickelt

Sehr früh erleben Kinder, dass sie etwas bewirken können: mit dem Spielzeug rasseln, Bauklötze zum Turm stapeln, das Licht einschalten. Sie freuen sich, wenn etwas gelingt. Und sobald sie anfangen zu sprechen, wird das

Tom Sawyer hätte hier eine Idee: Wer andere gut motivieren kann, findet rasch Helfer!

Leistungsmotivation

FRAGEBOGEN FÜR ELTERN   1   2   3   4   5*

1. Ihr Kind bevorzugt wettbewerbsorientierte Spiele.
2. Ihr Kind zeigt Ehrgeiz beim Erlernen von Neuem.
3. Ihr Kind übt meist so lange, bis es etwas sicher kann.
4. Ihr Kind achtet auf gute Noten in der Schule.
5. Ihr Kind ist wegen einer schlechteren Schulnote enttäuscht oder verängert.
6. Ihr Kind vergleicht seine Leistungen mit denen anderer Kinder.
7. Ihr Kind bereitet sich sehr gründlich auf bevorstehende Klassenarbeiten vor.
8. Ihr Kind bevorzugt wettbewerbsorientierte Sportarten.
9. In Ihrer Familie ist Leistungsfähigkeit eine Tugend.
10. Sie sind der Meinung, dass sich Leistung lohnt.
11. Erfolg zu haben gilt in Ihrer Familie als etwas Positives und Erstrebenswertes.
12. Sie vertreten – auch in Fragen der Erziehung – die Ansicht, dass jeder Mensch ein Leben lang dazulernen kann.

*1 = trifft gar nicht zu   2 = trifft eher nicht zu   3 = trifft teilweise zu
4 = trifft weitgehend zu   5 = trifft vollkommen zu

Gesamtpunktezahl: ....

Wort »allein« besonders wichtig: sie wollen es allein versuchen! Etwas später, mit etwa fünf Jahren, erkennen Kinder den Wert der eigenen Anstrengung. Mit zehn bis zwölf Jahren werden sie sich ihrer eigenen Fähigkeiten bewusst, vor allem durch den sozialen Vergleich in der Schule.
Von da an ist die Leistungsmotivation ein relativ stabiles Persönlichkeitsmerkmal und verändert sich in ihrer Stärke auch im Erwachsenenalter nicht wesentlich.

Kinder sind von Anfang an motiviert

PRAXIS
Was treibt Menschen an?

Was treibt Menschen an?

Motive: Lob, Geld, Ruhm, Freude ...

Es gibt die intrinsische (innerlich bedingte) und die extrinsische (von außen beeinflusste) Motivation. Macht ein Kind die ersten Schritte und spricht erste Worte – geschieht das aus einem inneren Drang heraus. Auch beim Erwachsenen bleibt die innere Motivation wichtig: Ein Schriftsteller kann jahrelang an einem Roman arbeiten, ein Künstler an einem Bild, ohne jemals Anerkennung oder Geld dafür zu erhalten.
Aber auch den Wert der extrinsischen Motivation lernen wir sehr früh schätzen. Den ersten Schultag versüßt eine Schultüte, das gute Zeugnis ein Geldbetrag.

Die Kehrseite: Die extrinsische kann die intrinsische Motivation schließlich sogar verdrängen. Dann empfinden wir gleich bleibenden Lohn bald als mangelnde Anerkennung und vergessen zuweilen, dass eine Tätigkeit auch ganz ohne Bezahlung große Freude machen kann.

Hurra! Auch das gute Gefühl des Sieges kann Kinder zum Durchhalten motivieren.

Leistungsmotivation

FRAGEBOGEN FÜR KINDER

	1	2	3	4	5*
1. Willst du einige Sachen besonders gut beherrschen?	☐	☐	☐	☐	☐
2. Hast du in deinem Leben Ziele, die du verfolgst?	☐	☐	☐	☐	☐
3. Kannst du einige Sachen besonders gut, vielleicht auch besser als alle anderen in deiner Klasse?	☐	☐	☐	☐	☐
4. Gibt es für dich in der Schule Fächer, bei denen du dich ganz besonders anstrengst?	☐	☐	☐	☐	☐
5. Hast du im Sport oder auf anderen Gebieten Vorbilder?	☐	☐	☐	☐	☐

* **1** = trifft gar nicht zu   **2** = trifft eher nicht zu   **3** = trifft teilweise zu
   4 = trifft weitgehend zu   **5** = trifft vollkommen zu

Gesamtpunktezahl: ....

Räumliches Denken

Sich Formen und Gegenstände perspektivisch richtig vorzustellen und dabei gedanklich die nicht sichtbaren Teile ergänzen zu können – das bezeichnet man als räumliches Denken. Es ist auch die Fähigkeit, komplexe Muster im Gedächtnis behalten, wiedererkennen, zuordnen und zeichnen zu können.

Guter Orientierungssinn – eine Eigenschaft, die in vielen Lebenslagen gefragt ist.

Kinder, die für das räumliche Denken begabt sind, können gut perspektivisch zeichnen. Dabei ist neben der genauen Größen- und Detailwiedergabe die perspektivische Dehnung und Stauchung der Objekte wichtig. Diese erst durch die Maler der Renaissance eingeführte Technik wird nur selten von Kindern selbst entdeckt. Aber jedes Schulkind kann sie unter Anleitung lernen – mehr oder weniger schnell.

Wege schnell gefunden

Ein weiteres Merkmal räumlicher Begabung ist eine gute Orientierungsfähigkeit, ob in einem Zimmer, in der Stadt oder bei einer Wanderung. Begabte Kinder können mit geschlossenen Augen sicher den Raum durchqueren, ohne anzustoßen, oder Wanderwege nachzeichnen. Sie können gut Stadtpläne lesen und verstehen – ein kurzer Blick auf den Plan genügt ihnen, um sich den kompletten Weg einzuprägen. Räumliche Begabung macht sich auch ganz praktisch bemerkbar: Bei unbekannten U-Bahn-Stationen finden diese Kinder schnell den richtigen Ausgang.

Wie sich räumliches Denken entwickelt

Studien mit Kindern im Krabbelalter, die auf einem Glasboden zu ihrer Mama krabbeln sollten, zeigten, dass sie sich nicht trauten, einen Spalt zu überqueren, der unter der Glasplatte zu sehen

Orientierung – da geht Sehen vor Fühlen

PRAXIS

Wie sich räumliches Denken entwickelt

Räumliches Denken

FRAGEBOGEN FÜR ELTERN

	1	2	3	4	5*
1. Ihr Kind kann gut Entfernungen schätzen.	☐	☐	☐	☐	☐
2. Ihr Kind kann mit dem Maßstab auf einer Landkarte sicher umgehen.	☐	☐	☐	☐	☐
3. Es kann Abstände und Größen gut in Beziehung setzen.	☐	☐	☐	☐	☐
4. Ihr Kind kann sich gut mit geschlossenen Augen oder in einem dunklen Zimmer orientieren.	☐	☐	☐	☐	☐
5. Ihr Kind kann einen Plan von Ihrer Wohnung oder Ihrem Haus zeichnen.	☐	☐	☐	☐	☐
6. Es kann alle größeren Gegenstände in einem Zimmer Ihrer Wohnung aus dem Gedächtnis in einen Plan einzeichnen.	☐	☐	☐	☐	☐
7. Ihr Kind kann sicher mit Worten umgehen, die räumliche Verhältnisse angeben, zum Beispiel daneben, dazwischen, darüber, darunter oder dahinter.	☐	☐	☐	☐	☐
8. Ihr Kind kann aus dem Gedächtnis die Zahl der Flächen nennen, die eine Pyramide oder ein Würfel hat.	☐	☐	☐	☐	☐
9. Es kann mit geschlossenen Augen einfache Zeichnungen anfertigen, zum Beispiel von einem Haus oder einem Strichmännchen.	☐	☐	☐	☐	☐
10. Ihr Kind spielt gern Spiele, bei denen räumliches Vorstellungsvermögen wichtig ist, zum Beispiel »Das verrückte Labyrinth«.	☐	☐	☐	☐	☐
11. Ihr Kind kann Gegenstände räumlich zeichnen, etwa einen Würfel oder einen Raum.	☐	☐	☐	☐	☐
12. Ihr Kind kann gut unter Beachtung der Größenverhältnisse zeichnen.	☐	☐	☐	☐	☐

* **1** = trifft gar nicht zu **2** = trifft eher nicht zu **3** = trifft teilweise zu
  4 = trifft weitgehend zu **5** = trifft vollkommen zu

Gesamtpunktezahl: ....

Räumliches Denken

FRAGEBOGEN FÜR KINDER

	1	2	3	4	5*
1. Kannst du gut Stadtpläne und Straßenkarten lesen?	☐	☐	☐	☐	☐
2. Kannst du dir schnell einen neuen Weg merken?	☐	☐	☐	☐	☐
3. Findest du immer gut wieder nach Hause?	☐	☐	☐	☐	☐
4. Kannst du gut Bälle fangen?	☐	☐	☐	☐	☐
5. Kannst du gut zeichnen?	☐	☐	☐	☐	☐

* **1** = trifft gar nicht zu **2** = trifft eher nicht zu **3** = trifft teilweise zu
  4 = trifft weitgehend zu **5** = trifft vollkommen zu

Gesamtpunktezahl: ....

---

war. Die kleinen Krabbler konnten also offensichtlich recht gut Tiefe wahrnehmen. Mehr noch, sie verließen sich eher auf ihren visuellen Eindruck als auf ihr Tastempfinden, denn die Platte war nicht unterbrochen, nur der Boden unterhalb der Platte.

Im Alter von etwa 7 Jahren können dann die meisten Kinder die räumliche Perspektive nicht nur sehen, sondern auch zeichnen. Gemäß der Vorstellung von Psychologen entwickelt sich das räumliche Vorstellungsvermögen weiter, bevor es im Alter zwischen dem 12. und 18. Lebensjahr seinen Höhepunkt erreicht. Bei wenig begabten Kindern oder bei ungenügender Förderung kommt die Entwicklung früher zum Stillstand. Das Niveau ist auch deutlich unterschiedlich: Die einen können einfache geometrische Figuren perspektivisch zeichnen, die anderen aus dem Gedächtnis einen genauen Plan ihrer Wohnung, ihres Schulwegs oder die Anordnung der Gegenstände auf ihrem Schreibtisch.

Wo sich räumliches Denken anwenden lässt

Ob Städteplaner, Architekten, Raumausstatter oder technische Zeichner: Alle Berufe, die mit Entwurf, Zeichnung oder Schema arbeiten – unter anderen auch Designer, Bauingenieur oder Elektroniker –, benötigen ein gutes räumliches Vorstellungsvermögen. Auch Ärzte brauchen eine Menge davon. Die Fähigkeit, sich das Körperinnere bildlich vorzustellen, ist für sie sehr wichtig.

Räumlich begreifen – mit Papier und Stift

Berufe für kleine »Raumplaner«

Logisches Denken

PRAXIS 43

Richtig denken – ist doch logisch

Logisch zu denken heißt, folgerichtig zu denken. Also: vom Einzelfall auf das Allgemeine zu schließen und – umgekehrt – bei der Lösung eines Einzelproblems allgemein gültige Gesetzmäßigkeiten zu berücksichtigen. Außerdem umfasst das logische Denkvermögen die Fähigkeit, geschickt und sinnvoll mit abstrakten Symbolen und Zahlen umzugehen beziehungsweise sich abstrakte Beweise und Regeln gut merken zu können.

Wie sich logisches Denken entwickelt

Wie Kinder Schlüsse ziehen

Die wesentlichen Prinzipien des logischen Denkens tauchen bereits bei Kindern im zweiten Lebensjahr auf. Die Kinder verstehen jetzt zum Beispiel Zusammenhänge in Form von einfachen logischen Funktionen, etwa: »wenn – dann«, »entweder – oder«, »sowohl als auch« … Etwas später kommt die für die Logik wichtige Bildung von Oberbegriffen dazu (Wawa = Tier, für alles, was vier Beine hat; Guli = Vogel, für alles, was fliegt). Zahlen üben bereits auf nahezu jedes Vorschulkind eine starke Faszination aus. Haben Kinder dann einmal das Zählsystem erfasst, zählen sie alles durch: Bäume, Autos, Pflastersteine, Blätter … Jeder kleine Spaziergang wird so für die Eltern zu einer unendlichen Geduldsprobe, denn alles will gezählt sein. Bleibt die Begeisterung für Zahlen erhalten, wird aus dem Kind später vielleicht ein richtiger Rechenkünstler. Kommen noch Kombinationsvermögen, gutes Gedächtnis und Ausdauer hinzu, könnte Ihr Kind bereits im Grundschulalter ein beachtlicher Schachspieler werden.

Schach – matt! Junge Talente beeindrucken die Großen manchmal ganz schön!

Logisches Denken

FRAGEBOGEN FÜR ELTERN　　　　　　　　　　　　　　1　2　3　4　5*

1. Ihr Kind besucht gern Messen und technische Museen. ☐ ☐ ☐ ☐ ☐

2. Ihr Kind stellt häufig Fragen zur Funktionsweise von Maschinen und Geräten. ☐ ☐ ☐ ☐ ☐

3. Ihr Kind ist gern dabei, wenn etwas repariert wird. ☐ ☐ ☐ ☐ ☐

4. Es beherrscht kleine (z. B. Millimeter, Mikrometer) und große Zahlen (z. B. ein Tausend, eine Million). ☐ ☐ ☐ ☐ ☐

5. Ihr Kind stellt viele Fragen zu Naturereignissen, z. B. zu Schnee- oder Regenbildung, Überschwemmungen, Blitzen und vielen anderen physikalischen Phänomenen. ☐ ☐ ☐ ☐ ☐

6. Ihr Kind spielt gern Schach. ☐ ☐ ☐ ☐ ☐

7. Ihr Kind sagt gelegentlich, dass es etwas nicht logisch findet, also etwa: »Es kann ja gar nicht sein, dass ...« ☐ ☐ ☐ ☐ ☐

8. Ihr Kind verwendet sicher und häufig logische Begriffe wie zum Beispiel deswegen, deshalb, entweder – oder, außerdem ... ☐ ☐ ☐ ☐ ☐

9. Ihr Kind kann sicher mit Zahlenbrüchen umgehen (zum Beispiel 3/4 Liter, 1/3 Kilo, 1/2 Croissant). ☐ ☐ ☐ ☐ ☐

10. Ihr Kind interessiert sich für physikalische Vorgänge und stellt dazu Fragen, zum Beispiel: »Warum glüht eine Glühbirne, warum geht sie kaputt?« ☐ ☐ ☐ ☐ ☐

11. Ihr Kind kann mehrere physikalische Größen nennen, zum Beispiel Liter, Meter, Watt, Volt und Lux. ☐ ☐ ☐ ☐ ☐

12. Ihr Kind kann mehrere technische Geräte gut bedienen, zum Beispiel Spülmaschine, Staubsauger, Eierkocher und Musikanlage. ☐ ☐ ☐ ☐ ☐

* **1** = trifft gar nicht zu　　**2** = trifft eher nicht zu　　**3** = trifft teilweise zu
　4 = trifft weitgehend zu　**5** = trifft vollkommen zu　　　**Gesamtpunktezahl:** ....

Wie sich logisches Denken entwickelt

Ab wann Kinder logisch denken können

Nach Jean Piaget (1896–1980), dem großen Schweizer Entwicklungspsychologen, tauchen bereits in den ersten zwei Jahren die ersten wesentlichen Ansätze der logischen Intelligenz auf.

Wie die Jüngsten denken

Das Kleinkind unterscheidet also schon: Ich und die Außenwelt, Objekt, Zeit, Raum, Kausalität und ähnliche Kategorien. Diese logischen Konzepte bleiben jedoch an konkrete Handlungen gebunden.

Im dritten Lebensjahr entwickeln Kinder dann die Fähigkeit, etwas durch ein Symbol oder Zeichen darzustellen: Das Kind faltet seine Hände, drückt sie ans Gesicht und schließt die Augen – ein Symbol für den Schlaf.

Im Alter von drei bis sieben Jahren entwickeln Kinder ihr erstes logisches Weltbild. In diesem Bild sind alle Dinge lebendig, besitzen also eine Seele, und sind für irgendetwas gut, haben also eine Funktion.

Jetzt wird's schon komplizierter

Ab dem achten Lebensjahr zeigt sich der Fortschritt im logischen Denken dadurch, dass dieses System immer komplexer und systematischer wird. Weitere Eigenschaften der Objekte werden entdeckt und untersucht. Ab dem zwölften Lebensjahr kann ein Kind auch abstrakt-logisch denken. Konkrete Zahlen können zum Beispiel durch Variable ersetzt werden, aus dem

Logisches Denken

FRAGEBOGEN FÜR KINDER

	1	2	3	4	5*
1. Magst du das Schulfach Mathematik/Rechnen?	☐	☐	☐	☐	☐
2. Spielst du gern Schach?	☐	☐	☐	☐	☐
3. Löst du gerne Rätsel?	☐	☐	☐	☐	☐
4. Kannst du mindestens 6 technische Geräte in eurem Haushalt nennen?	☐	☐	☐	☐	☐
5. Kannst du mehrere Hausgeräte sicher bedienen?	☐	☐	☐	☐	☐

* **1** = trifft gar nicht zu   **2** = trifft eher nicht zu   **3** = trifft teilweise zu
4 = trifft weitgehend zu   **5** = trifft vollkommen zu

Gesamtpunktezahl: ....

PRAXIS

Logisches Denken

Unterwegs mit der Kraft der Fantasie

Allgemeinen wird das Besondere hergeleitet, Kombinatorik und wissenschaftliche Hypothesenbildung sind nun möglich.
Ab diesem Zeitpunkt kann die anschauliche Welt auch mal verlassen werden – man begibt sich auf Gedankenreisen und kann dabei »unvorstellbare« logische Probleme lösen. Ein Kind ist jetzt also fähig, auch Aufgaben zu lösen, mit denen es keine bildliche Vorstellung verbindet: Es kann sich zum Beispiel ein symmetrisches, flaches Tausendeck kaum vorstellen, jedoch seine Winkel auf relativ einfache Weise berechnen.

Wo lässt sich logisches Denken anwenden?

Ein logisch begabtes Kind spielt gern mit Zahlen, sei es nur in der Absicht, die größte Zahl der Welt zu ermitteln, etwa indem das Kind auf ein Blatt Papier so viele Nullen wie nur möglich nach einer Eins malt.
Logisch begabte Kinder begreifen recht schnell die Regeln verschiedener logischer Spiele, wie Mühle, Dame oder Schach. Ein Erwachsener, der in einem der genannten Spiele schon mal gegen einen Achtjährigen verloren hat, weiß, zu welcher Meisterschaft es hier begabte Kinder bringen können.

Logiker gibt es in jeder Altersklasse

In der Schule ist für kleine Logiker Rechnen das Lieblingsfach, Geometrie und Algebra sind es später oft ebenso.
Logisch begabte Kinder sind von der Technik, ihren Funktionen und Möglichkeiten begeistert. Mit etwas didaktischem Geschick kann man ihnen leicht das Programmieren auch in anspruchsvolleren Computersprachen beibringen. Und so kann sich aus der logischen Begabung und Begeisterung eine Reihe von Berufen ergeben.
Kleine Logiker könnten später zum Beispiel Mathematiker, Physiker, Ingenieur, aber auch Schachspieler, Ermittler bei der Kriminalpolizei, Philosoph oder Psychologe werden. Die größte Hürde im Psychologiestudium ist im Übrigen für die meisten Studenten nicht der Selbstzweifel, der durch die Auseinandersetzung mit vielen psychischen Krankheitsbildern entstehen kann, sondern das Fach Statistik! In diesem Fach gut ausgebildete Psychologen würden uns jedoch viele undurchdachte Statistiken ersparen, etwa, dass bei Stromausfällen mehr Kinder gezeugt werden, dass Dirigenten länger leben oder dass schlanke Menschen zur Schizophrenie neigen. Denn bei genauem – logischem – Hinsehen ist der faule Zauber dann schnell verflogen.

Berufsideen für Logik-Fans

Sprachliche Fähigkeiten

PRAXIS 47

Ein Ausflugstag in guter Stimmung, viele Menschen, Lachen, Unterhaltungen, Zuckerwatte … und irgendwann während des Zoobesuchs stehen wir vor Käfigen mit Schimpansen, Gorillas, Panthern. Plötzlich überkommt uns Nachdenklichkeit angesichts der gefangenen Tiere, ihrer apathischen Blicke und stereotypen Bewegungen. Es ist ein trauriger Anblick. Wir verharren und versuchen, uns in die Tiere hineinzuversetzen. Anderen geht es genauso. Wir hören Bemerkungen und äußern uns vielleicht auch selbst: »Der Arme!«, »Der würde bestimmt lieber frei sein!« oder: »Wie kann man den nur in so einen kleinen Käfig sperren!« Natürlich verstehen wir uns, wenn wir so kommunizieren.

Immer wieder gemeinsam lesen, das ist das Geheimrezept für Bildung mit Freude.

Aber lesen Sie, wie sich das bei einem Dichter anhört:

*Sein Blick ist vom Vorübergehn der Stäbe
so müd geworden, dass er nichts mehr hält.
Ihm ist, als ob es tausend Stäbe gäbe
und hinter tausend Stäben keine Welt.
Der weiche Gang geschmeidig starker Schritte,
der sich im allerkleinsten Kreise dreht,
ist wie ein Tanz von Kraft um eine Mitte,
in der betäubt ein großer Wille steht.
Nur manchmal schiebt der Vorhang der Pupille
sich lautlos auf –. Dann geht ein Bild hinein,
geht durch der Glieder angespannte Stille –
und hört im Herzen auf zu sein.*

Kennen Sie dieses Gedicht? Es heißt »Der Panther« und stammt von Rainer Maria Rilke. Er schrieb es im Jardin des Plantes in Paris. Dieses Gedicht eignet sich zur Demonstration sprachlicher Begabung ganz besonders, weil wir alle diese Situation kennen: Jemand, der mit sprachlichem Ausdruck so die Herzen berühren kann, besitzt eine besondere Gabe, mit Sprache umzugehen. Man fühlt sich an eine bewegende Melodie erinnert. Sprache wirkt hier wie Musik. Auch in einer multimedialen Welt verliert die Sprache nicht an Bedeutung. E-Mails und SMS-

Sprache: poetisch oder ganz sachlich

PRAXIS
Sprachliche Fähigkeiten

Lesen können – auch in Zukunft ein Muss

Botschaften müssen geschrieben werden, und in einer globalisierten Welt müssen wir fremde Sprachen sprechen. Ja, sprachliche Fähigkeiten sind heute für uns vielleicht wichtiger denn je.

So zeigt sich sprachliche Begabung

Sprachlich begabte Menschen lieben die Sprache, sind ausdrucksfähig, verfügen über einen großen Wortschatz, lesen und erzählen gern. Sie beherrschen den Umgang mit Sprache besonders gut. Auch das relativ leichte Erlernen von Fremdsprachen und das Interesse an der Erforschung von Sprachen sind Hinweise auf gute sprachliche Fähigkeiten. Ebenso wie bei anderen Begabungen dürfen wir aber nicht erwarten, dass sich die Sprachbegabung in jedem Fall automatisch zeigt und entwickelt. Auch hier liegt die Verantwortung bei den Eltern, Erziehern und Lehrern, *Individuelle Grenzen respektieren* die Kinder genau zu beobachten, zu ermutigen und ihnen Möglichkeiten anzubieten.
Bei aller lobenswerten Förderung sollte aber nicht vergessen werden, dass Begabungen sich nicht »auf Wunsch« steigern lassen. Förderung ist am erfolgreichsten und macht allen den meisten Spaß, wenn sie dem Kind wirklich angemessen ist.

Wie sich sprachliche Fähigkeiten entwickeln

Sprache entwickelt sich zeitlebens fort. Wir lernen auch noch als Erwachsene viel Neues dazu: etwa, wie man eine Rede aufbaut, wie man es schafft, dass eine Präsentation die Zuhörer wirklich erreicht, wie wir uns für Kinder verständlich ausdrücken, einen Zeitungsbericht verfassen oder Geschäftsbriefe schreiben. Außerdem bringt jedes neue Wissensgebiet wieder neue Begriffe und Fremdwörter mit sich. Auch hier ist das Lernen nie vorbei.

Sprache ist ein lebenslanges Lernprojekt

Wie Kinder sprechen lernen

Die wesentliche Sprachentwicklung findet jedoch während der ersten drei Lebensjahre statt: Das Kind lernt sprechen. Ab dem vierten Lebensjahr hat es in der Regel die elementaren Grundstrukturen seiner Muttersprache erworben. Es spricht und versteht die Sprache im Rahmen seiner näheren Erfahrungswelt. Schwierige Lautbildungen in der Wortartikulation werden nun fast problemlos bewältigt.
Kleine Ausnahmen und Besonderheiten gibt es bei jedem Kind, vielleicht sagt es zum Beispiel »tropsdem« statt »trotzdem« oder ersetzt »Ich sehe was, was du nicht siehst« durch »Was du

PRAXIS

So lässt sich sprachliche Begabung anwenden

49

nicht siehst, was ich nicht seh«. Allgemein sind jedoch die in Sätzen vorgebrachten Mitteilungen jetzt weitgehend verständlich, auch wenn der Kommunikationspartner kein Vorwissen vom Mitteilungsinhalt hat. Das Wissensbedürfnis des Kindes will im Dialog befriedigt werden. Seine »Werkzeuge« dabei sind nun die berühmten Warum-Fragen.

Kommunikation von Anfang an: Schon Babys versuchen sich verständlich zu machen.

Die Entwicklung grundlegender sprachlicher Formen und ihrer Verwendung ist noch nicht abgeschlossen. Obwohl das Kind in diesem Alter über ein lexikalisches und grammatikalisches Grundwissen seiner Muttersprache verfügt, muss es noch viel lernen, um den verschiedensten Anforderungssituationen seiner Lebenswelt zu genügen. Es muss zum Beispiel schnell und sicher Mitteilungen über Ereignisse und Erlebnisse formulieren. Dazu zählen unter anderem Schilderungen von Vorfällen in der Vergangenheit oder Zukunft, die verständliche Wiedergabe einer Ursache, eines Zwecks oder eines Vergleichs. Der weitere Erwerb dieser Fähigkeiten ist jedoch nicht Selbstzweck, sondern ergibt sich aus der Notwendigkeit, sich auszudrücken.

Eng verknüpft: Logik und Sprache

Da die Sprache grundlegendes Mittel bei der Gestaltung der sozialen Beziehungen ist, muss das Kind auch weitere Regeln ihrer Anwendung lernen. Dazu gehören Anredeformen, institutionelle Wendungen, Äußerungen, die Höflichkeit und Respekt ausdrücken sowie indirekte sprachliche Handlungen.
Der weitere Sprach-Lernprozess erstreckt sich bis weit in das Schulalter hinein.

So lässt sich sprachliche Begabung anwenden

Obwohl wir uns dessen bewusst sind, dass jeder Mensch über Sprache kommuniziert, gibt es eine Reihe von beruflichen Tätigkeiten, die besondere sprachliche Fähigkeiten erfordern. Und es gibt Menschen, die ganz offensichtlich mit Sprache besonders gut umgehen können.

Sprachbegabung: auf allen Gebieten ein Trumpf

Sprachliche Fähigkeiten

FRAGEBOGEN FÜR ELTERN

	1	2	3	4	5*
1. Ihr Kind denkt sich gern Geschichten aus.	☐	☐	☐	☐	☐
2. Ihr Kind erzählt gern Märchen oder auch eigene Geschichten.	☐	☐	☐	☐	☐
3. Ihr Kind verwendet gern neue Wörter, von denen Sie manchmal selbst überrascht sind.	☐	☐	☐	☐	☐
4. Ihr Kind fragt oft, was unbekannte Wörter bedeuten.	☐	☐	☐	☐	☐
5. Es interessiert sich für Fremdsprachen und spricht zum Beispiel Wörter zum Spaß nach.	☐	☐	☐	☐	☐
6. Ihr Kind experimentiert gern mit der Sprache, gestaltet Wörter um, vertauscht absichtlich Buchstaben und spielt so mit Sprache (zum Beispiel: Kaufhof – kauf Hof! (Imperativ) – Hofkauf, Pami und Mapi ...).	☐	☐	☐	☐	☐
7. Ihr Kind verfügt über eine altersgemäß gute Rechtschreibung.	☐	☐	☐	☐	☐
8. Ihr Kind schreibt gern kleine Merkzettel, Einkaufszettel oder Notizen.	☐	☐	☐	☐	☐
9. Ihr Kind setzt gern seine Fremdsprachenkenntnisse ein.	☐	☐	☐	☐	☐
10. Ihr Kind kann mehrere Pflanzen und Tierarten nennen und beschreiben.	☐	☐	☐	☐	☐
11. Ihr Kind kann zutreffend auch komplexe Gegenstände beschreiben, zum Beispiel Kunstwerke.	☐	☐	☐	☐	☐
12. Ihr Kind führt ein Tagebuch, erstellt eigene Bücher (auch schon ab der 1. Klasse) und schreibt vielleicht für die Schülerzeitung.	☐	☐	☐	☐	☐

* **1** = trifft gar nicht zu **2** = trifft eher nicht zu **3** = trifft teilweise zu
 4 = trifft weitgehend zu **5** = trifft vollkommen zu

Gesamtpunktezahl: ....

PRAXIS

So lässt sich sprachliche Begabung anwenden

Sprachliche Fähigkeiten

FRAGEBOGEN FÜR KINDER

	1	2	3	4	5*
1. Liest du gern?	☐	☐	☐	☐	☐
2. Denkst du dir gern eigene Geschichten aus?	☐	☐	☐	☐	☐
3. Erzählst du gerne von deinen Erlebnissen?	☐	☐	☐	☐	☐
4. Hast du Lieblingsbücher oder -autoren?	☐	☐	☐	☐	☐
5. Liest du gern vor?	☐	☐	☐	☐	☐

* **1** = trifft gar nicht zu   **2** = trifft eher nicht zu   **3** = trifft teilweise zu
   4 = trifft weitgehend zu   **5** = trifft vollkommen zu

Gesamtpunktezahl: ....

Berufe für sprachlich begabte Menschen

Die sprachliche Begabung kann unterschiedliche Schwerpunkte haben, zum Beispiel im Schreiben – etwa bei Schriftstellern und Journalisten –, in der Kommunikation – bei Rednern, Lehrern und Beratern – oder auf dem Gebiet der Sprachlogik, wie sie etwa Philosophen und Sprachwissenschaftler brauchen.

Berufe für Sprachtalente

Im beruflichen Bereich gibt es deshalb erfreulicherweise viele Möglichkeiten: Der Romanschriftsteller ist fähig, seine Leser zu fesseln – und der Journalist bereitet Informationen auf. Trainer und Lehrer vermitteln über die Sprache Lerninhalte und Verhaltensregeln. Der Verkäufer verfügt über die Fähigkeit, zu überzeugen und zu begeistern. Der Jurist interpretiert Gesetze und formuliert stichhaltig und überzeugend ihre Auslegung. Der Fernsehmoderator leitet Gesprächsrunden mit Gespür für den richtigen Ton und verliert nie den roten Faden des Themas. Der Diplomat setzt seine sprachlichen Fähigkeiten taktisch in höchster Vollendung ein, um schwierige Verhandlungen zum Erfolg zu führen. Der Gesprächstherapeut spiegelt mit Hilfe der Sprache die Äußerungen und Gefühle des Patienten so wider, dass dieser in der Lage ist, sich selbst zu erkennen und zu helfen. Und der Simultanübersetzer schließlich denkt in zwei Sprachen gleichzeitig und muss dabei parallel hören, verstehen und ausformuliert übersetzen.

Das A und O: Verständigung

Sportliche Fähigkeiten

»Noch mal! Bitte, Mami!« ruft die sechsjährige Sophie. Die Mama stöhnt: »Muss das sein? Noch eine Runde Wettrennen! Du bist doch vorher schon eine halbe Stunde seilgehüpft. Und davor waren wir schwimmen!« Aber die kleine Sophie ist nicht müde zu bekommen. Sie ist nicht hyperaktiv oder besonders nervös, sie hat einfach nur Freude an der Bewegung. Wenn sie etwas nicht kann, übt sie es, stundenlang. Sie springt, läuft, fährt Rad, möchte Handstand und Salto lernen, noch weiter schwimmen als beim letzten Mal und schließt ihren Tag ab, indem sie durch von Juchzen und Lachen begleitetes Trampolinspringen die Matratze ihres Bettes strapaziert.

Sportliche führen ein bewegtes Leben

Eltern fragen sich in einer solchen Situation vielleicht: Unser Kind bewegt sich gern und viel. Aber hat es auch wirklich Talent? Sollen wir es irgendwie fördern und unterstützen? Wie könnte das aussehen?

Ein Begabungsprofil (Adresse siehe Seite 124) zeigt Eltern, ob die kindliche Lust an der Bewegung tatsächlich von einem beachtlichen Talent unterstützt wird. Und mit dem Kind zusammen können sich die Eltern dann nach passenden Sportarten umschauen. Kinder können an verschiedenen Schnuppertrainings teilnehmen, um zu sehen, was ihnen besonders viel Spaß macht. Vielleicht gibt es in nahe gelegenen Sportvereinen kompetente Trainer, die das Sporttalent spezifizieren können und den Eltern gute Empfehlungen geben. Leider ist die Entdeckung eines sportlichen Talents nicht immer so einfach. Wer möchte schon behaupten, bei einer Gruppe herumtollender Kinder sofort die Sporttalente unter ihnen identifizieren zu können?

Den geeigneten Sport finden

Für einen gesunden Ausgleich sorgen

Regelmäßige Bewegung ist wichtig für die gesamte Persönlichkeitsentwicklung jedes Kindes. Einige sind aber mit so viel sportlichem Talent ausgestattet, dass sie bei frühzeitiger Entdeckung und richtiger Förderung große Erfolge erzielen und im sportlichen Bereich vielleicht ihren Traumberuf finden können. Wichtig bei der Suche nach dem wirklichen sportlichen Talent ist

Angemessenen Ehrgeiz zeigen

Professionellen Rat suchen

der Vergleich mit einer größeren Gruppe. Es genügt hierfür nicht der Vergleich mit Freunden oder Geschwistern, ja nicht einmal innerhalb der Schulklasse, wie die Wissenschaftler des Deutschen Sportbundes raten.
Kompetente Ansprechpartner für eine professionelle Förderung sportlicher Fähigkeiten sind die Landesverbände für die einzelnen Sportarten.

So zeigt sich sportliches Talent

Sportlichkeit allgemein wird definiert als die Fähigkeit, grobmotorische Abläufe besonders schnell und korrekt zu bewältigen und in sportliche Leistung umzusetzen. Verschiedene Aspekte dieser Begabung sind zum Beispiel die Fähigkeit, Bewegungen nachzuahmen, Beweglichkeit, Schnelligkeit, Kraft, Ausdauer sowie die Koordination komplexer Bewegungsabläufe und das situationsadäquate Lösen von Problemen. Letzteres bedeutet, dass ein Kind während eines Spieles schnell und sicher Entscheidungen treffen kann wie: Wem spiele ich den Ball zu, und wann?
Aber wie kann man sportliche Begabung fördern, so dass zum Gesundheitsaspekt ein Leistungsaspekt hinzukommt, vielleicht mit beruflichen Perspektiven?
An dieser Stelle ist eine Differenzierung wichtig: Dass eine Sportart gern und gut ausgeübt wird, lässt noch nicht zwingend auf sportliches Talent schließen. Je-

Kleine »Sportskanonen« erkennen

Kinder lieben Bewegung – der beste Ansatzpunkt, um sportliches Talent mit Freude zu fördern.

Sportliche Fähigkeiten

Wettkampfeifer stillen

der kann durch Übung, Motivation und Begeisterung sportlich einiges erreichen, gewisse Erfolge erzielen, an Mannschaftswettkämpfen teilnehmen, Abzeichen erringen. Für professionelle Talentsucher ist das aber zu wenig. Sportwissenschaftlich wird der Begriff Talent eingegrenzt. Das ist nicht zuletzt wichtig, um Kinder vor überzogenen Erwartungen Erwachsener und vor fremdem Ehrgeiz zu schützen.

Als Talent für den Spitzensport wird ein Kind betrachtet, das bereits überdurchschnittliche sportliche Leistungen erbringt. Man muss außerdem davon ausgehen können, dass dieses Kind bei einem nach neuesten sportwissenschaftlichen Erkenntnissen durchgeführten Training und unter den entsprechenden günstigen Umweltbedingungen als Jugendlicher oder junger Erwachsener überragende sportliche Erfolge erzielen kann. Um das festzustellen, sind oft standardisierte sportliche Tests nötig.

Wie sich sportliche Fähigkeiten entwickeln

Sportlich schon von Anfang an?

Wie die emotionale und kognitive, so durchläuft auch die motorische Entwicklung verschiedene Abschnitte.
Um die sportliche Leistung und entsprechendes Talent beurteilen zu können, sind – mehr als das Alter eines Kindes – die Phasen des Wachstums entscheidend. Der Körper entwickelt sich nicht in jeder Lebensphase gleich schnell – und auch von einem Kind zum anderen gibt es große individuelle Unterschiede. Die bloße Angabe des biologischen Alters reicht also nicht aus, um das Kind einem bestimmten Entwicklungsstand zuzuordnen, weil es Früh- und Spätentwickler gibt, die teilweise deutlich von durchschnittlichen Werten abweichen. Bei der sportlichen Diagnostik und Förderung ist es wichtig, diese körperlichen Entwicklungsstadien zu kennen und zu berücksichtigen. Auf die folgenden Kriterien sollte man bei der Diagnose und Förderung besonders achten:

Körperliche Entwicklung als Maßstab

● Die verschiedenen Wachstumsphasen mit Beschleunigung und Verlangsamung, die Veränderung der Proportionen sowie individuelle Entwicklungsunterschiede beeinflussen die sportliche Leistungsfähigkeit.

● Vor allem Kraft, Schnellkraft, Ausdauer und Schnelligkeit können entwicklungsbedingt stark schwanken.

● Andere Faktoren wie Balance, Körperkoordination, Gefühl für Ballsportarten und bewegungstechnische Faktoren bleiben dagegen weitgehend konstant.

PRAXIS

Wie sich sportliche Fähigkeiten entwickeln 55

Sportliche Fähigkeiten

FRAGEBOGEN FÜR ELTERN   1   2   3   4   5*

1. Ihr Kind hat eine gute Körperkoordination, kann zum Beispiel balancieren und sicher auf einem Bein stehen. ☐ ☐ ☐ ☐ ☐

2. Ihr Kind kann längere Strecken zu Fuß zurücklegen, zum Beispiel bei einer Wanderung. ☐ ☐ ☐ ☐ ☐

3. Ihr Kind lernt mit Begeisterung neue Sportarten wie Badminton, Tischtennis und andere. ☐ ☐ ☐ ☐ ☐

4. Ihr Kind kann Liegestütze oder Klimmzüge machen. ☐ ☐ ☐ ☐ ☐

5. Ihr Kind kann Gegenstände auf der Handfläche oder sogar auf der Stirn balancieren. ☐ ☐ ☐ ☐ ☐

6. Ihr Kind macht Vorschläge für gemeinsame sportliche Aktivitäten. ☐ ☐ ☐ ☐ ☐

7. In Ihrer Familie gehört Sport zu Ihren gemeinsamen Aktivitäten. ☐ ☐ ☐ ☐ ☐

8. In Ihrer Familie treibt mindestens ein Elternteil regelmäßig Sport. ☐ ☐ ☐ ☐ ☐

9. In Ihrer Familie setzen Sie sich gern sportliche Ziele. Vielleicht spielt jemand in einer Mannschaft mit und beteiligt sich aktiv am Kampf um Aufstieg oder Gewinn eines Turniers. ☐ ☐ ☐ ☐ ☐

10. Körperliche Fitness hat in Ihrer Familie einen hohen Stellenwert. ☐ ☐ ☐ ☐ ☐

11. In Ihrer Familie, im engeren Bekanntenkreis oder im Freundeskreis Ihres Kindes gibt es sportliche Vorbilder. ☐ ☐ ☐ ☐ ☐

12. Ihrem Kind fällt es leicht, neue Bewegungsabläufe zu lernen. ☐ ☐ ☐ ☐ ☐

* **1** = trifft gar nicht zu   **2** = trifft eher nicht zu   **3** = trifft teilweise zu
   4 = trifft weitgehend zu   **5** = trifft vollkommen zu

Gesamtpunktezahl: ....

Sportliche Fähigkeiten

Fragebogen für Kinder

	1	2	3	4	5*
1. Schwimmst du gern?	☐	☐	☐	☐	☐
2. Fährst du gern Rad?	☐	☐	☐	☐	☐
3. Kennst du einige Profisportler?	☐	☐	☐	☐	☐
4. Spielst du gern in einer Mannschaft?	☐	☐	☐	☐	☐
5. Würdest du gern eine Sportart lernen, die du bis jetzt nicht beherrschst?	☐	☐	☐	☐	☐

* **1** = trifft gar nicht zu   **2** = trifft eher nicht zu   **3** = trifft teilweise zu
   4 = trifft weitgehend zu   **5** = trifft vollkommen zu

Gesamtpunktezahl: ....

Wo lässt sich sportliche Begabung anwenden?

Karriere im Sport

Wenn die kleine Sophie ihre Begeisterung für den Sport nicht verliert, hat sie viele Möglichkeiten, später aus ihrer Leidenschaft – ihrer Berufung – einen Beruf zu machen. Sie kann, wenn sie den nötigen Ehrgeiz mitbringt und richtig gefördert wird, eine Spitzensportlerin werden, von Turnier zu Turnier reisen, vielleicht in die ganze Welt. Sie kann trainieren, Interviews geben, Fans haben, für eine große Sportfirma werben. Sicher eine der aufregendsten Varianten einer sportlichen Karriere.

Da es aber nur die allerwenigsten bis ganz nach oben schaffen, werfen wir auch einen Blick auf weitere Möglichkeiten: Ein begabtes Kind wie Sophie könnte als Trainerin arbeiten, als Sportlehrerin oder als Ausbilderin. Sie könnte aber auch über den Sport berichten, zum Beispiel als Sportjournalistin oder als Kommentatorin. Auch ein Weg als Sportmedizinerin ist denkbar. Dann kann sie eine eigene sportärztliche Praxis betreiben, aber auch als medizinische Betreuerin Sportler direkt zu ihren Wettkämpfen begleiten.

Verschiedene Schwerpunkte denkbar

Praktisches Geschick

PRAXIS

Wichtig in Handwerk und Kunst

Ist jemand praktisch begabt, so kann er gut mit Werkzeugen und Materialien umgehen sowie zweckmäßig und schnell technische Probleme lösen. Ein Beispiel: Die achtjährige Anna konnte gut Sachen abmalen, hatte fantasievolle Ideen, probierte gern verschiedene Materialien aus. So fertigte sie aus Ton recht große Plastiken, malte, stanzte, goss und ätzte. Aus dem praktisch begabten Mädchen wird nach der Schulzeit eine bildende Künstlerin, mit perfekter Materialbeherrschung, ungewöhnlichen Techniken – sie wird ausgesprochen erfolgreich. Ihr Studium der Germanistik, Kunstgeschichte und Philosophie hat sie niemals abgeschlossen, obwohl sie auch da durchaus ihre Talente hatte.

Ein Talent mit Tradition

Vielleicht fühlt auch sie ähnlich wie Hermann von Helmholtz, einer der größten Naturwissenschaftler des 19. Jahrhunderts. Er meinte dazu: »Ich fand, dass das viele Philosophieren zuletzt eine gewisse Demoralisation herbeiführt und die Gedanken lax und vage macht, ich will sie erst wieder durch das Experimentieren (…) disciplinieren.«

Wie sich praktisches Geschick entwickelt

Der Entwicklungspsychologe Jean Piaget unterteilt die kognitive Entwicklung in mehrere Abschnitte, wobei die ersten drei bis zum 12. Lebensjahr abgeschlossen sind. Bis dahin sind das Anfassen, das Ausprobieren und die praktische Handlung wichtig für die Entwicklung der Intelligenz. »Greifen kommt vor Begreifen«, sagt Piaget. Es ist bekannt, das Kinder, die in ihrer motorischen Entwicklung gehemmt sind, später eher eine

Etwas eigenhändig herzustellen macht Kinder klüger, geschickter – und auch glücklich.

PRAXIS

Praktisches Geschick

FRAGEBOGEN FÜR ELTERN

	1	2	3	4	5*
1. Ihr Kind kann mit einfachen Werkzeugen umgehen, zum Beispiel mit Hammer, Säge und Zange.	☐	☐	☐	☐	☐
2. Ihr Kind arbeitet gern mit unterschiedlichen Materialien, zum Beispiel mit Papier, Holz oder Stoff.	☐	☐	☐	☐	☐
3. Ihr Kind bastelt gern nach eigenen Vorstellungen und Plänen.	☐	☐	☐	☐	☐
4. Ihr Kind verschenkt gern Gegenstände, die es selbst gebastelt hat.	☐	☐	☐	☐	☐
5. Ihr Kind schaut interessiert zu, wenn handwerklich gearbeitet wird.	☐	☐	☐	☐	☐
6. Ihr Kind zeigt Interesse an kleinen Reparaturen und kleinen technischen Aufgaben	☐	☐	☐	☐	☐
7. Ihr Kind übernimmt gern Aufträge wie etwa Gartenarbeit, Umtopfen oder Ähnliches.	☐	☐	☐	☐	☐
8. Ihr Kind verwirklicht eigene Gestaltungsideen für sein Zimmer.	☐	☐	☐	☐	☐
9. Ihr Kind bewahrt kaputte Gegenstände vor dem Wegwerfen, mit der Absicht, sie zu reparieren oder auseinander zu nehmen.	☐	☐	☐	☐	☐
10. Ihr Kind schaut gern zu, wie ein Haus gebaut wird.	☐	☐	☐	☐	☐
11. Ihr Kind hat gute Lösungsvorschläge für technische Probleme, zum Beispiel beim Reparieren von kaputtem Spielzeug.	☐	☐	☐	☐	☐
12. In Ihrer Familie gibt es eine technisch-handwerkliche Tradition beziehungsweise Könnerschaft.	☐	☐	☐	☐	☐

* **1** = trifft gar nicht zu   **2** = trifft eher nicht zu   **3** = trifft teilweise zu
   4 = trifft weitgehend zu   **5** = trifft vollkommen zu

Gesamtpunktezahl: ....

Wo man praktisches Geschick anwenden kann

Kinder lernen, indem sie Hand anlegen

Lese- und Schreibschwäche aufweisen. Das Praktische und das Kognitive bleiben lange ineinander verwoben.

Das Tun ist anfangs wichtiger, wird jedoch bereits im Kindergarten stark vernachlässigt. Da sind die Werkzeuge meist unter Verschluss und dürfen nur unter Aufsicht benutzt werden. Auch zu Hause bietet sich meist wenig Gelegenheit für praktisches Tun – vom Staubsaugen und Spülen abgesehen. Wir nehmen die Vernachlässigung der praktischen Entwicklung in Kauf, schließlich soll aus unserem Kind auch kein Handwerker werden, sondern lieber ein Lehrer oder ein Informatiker!

Wo man praktisches Geschick anwenden kann

Arbeiter oder Angestellter – einer produziert, der andere organisiert. Einer tut, der andere denkt. Wenn wir die Wahl hätten, wofür würden wir uns entscheiden? Diese Teilung besteht seit etwa 100 Jahren und prägt noch immer unser Bewusstsein. Dabei wird übersehen, dass ein Zahnarzt, Chirurg, Architekt oder Ingenieur sehr viel praktisches Geschick für seinen Beruf braucht. Und sein Handeln stört das Denken keineswegs. Und auch ein Musiker braucht eine unglaubliche Fingerfertigkeit, um ein Instrument zu beherrschen.

Falsche Arroganz

Praktisches Geschick

FRAGEBOGEN FÜR KINDER	1	2	3	4	5*
1. Bastelst du gern?	☐	☐	☐	☐	☐
2. Kannst du einen Nagel mit dem Hammer einschlagen, eine Schraube mit einem Schraubenzieher eindrehen?	☐	☐	☐	☐	☐
3. Hast du mehrmals Dinge für die Wohnung gebastelt?	☐	☐	☐	☐	☐
4. Kannst du mehrere technische Geräte bedienen?	☐	☐	☐	☐	☐
5. Kannst du mit unterschiedlichen Methoden Holz bearbeiten, zum Beispiel es schnitzen, sägen, kleben?	☐	☐	☐	☐	☐

* **1** = trifft gar nicht zu   **2** = trifft eher nicht zu   **3** = trifft teilweise zu
  4 = trifft weitgehend zu   **5** = trifft vollkommen zu

Gesamtpunktezahl: ....

Musikalität

Faszination der Musik

Wir befinden uns in einem bis auf den letzten Platz gefüllten Konzertsaal der späten vierziger Jahre des 20. Jahrhunderts und hören die ergreifende vierte Sinfonie von Brahms. Uns fällt der energische, hochkonzentrierte junge Mann auf, der am Dirigentenpult steht und eines der renommiertesten Orchester der Welt zu Höchstleistungen führt: die Berliner Philharmoniker. Er heißt Sergiu Celibidache und ist gerade mal 33 Jahre jung.

Sergiu hat von Kindesbeinen an Musik in sich aufgesogen. Zum Glück hatte er Menschen um sich, die ihm das ermöglicht und ihn dabei unterstützt haben. Er begann mit Klavierunterricht. Bald beschäftigte er sich auch mit musikalischem Satz. Zu seinem Ausnahmetalent kamen ein ungeheurer Fleiß, ein lernfreundliches Umfeld und das ständige Bedürfnis, noch mehr über Musik zu lernen.

Musikalisches Genie

»Celi«, wie er von seinen Fans genannt wurde, studierte nicht nur Kompositionslehre, sondern auch Mathematik und Philosophie. Er gilt als einer der bedeutendsten und gebildetsten Dirigenten des 20. Jahrhunderts.

Musikalisches Talent erkennen

Musik ist eine der wichtigsten Lebensäußerungen des Menschen, die in vielfältiger Weise auf uns einwirkt.

Unter Musikalität versteht man die Fähigkeit, die der Musik zugrunde liegenden Elemente wie Töne, Klänge und Geräusche verstehen, richtig hören, interpretieren, kombinieren und wiedergeben zu können.

Dazu gehören rhythmische, melodische und harmonische Fähigkeiten. Außerdem sind

Ganz in Familie zu musizieren ist ein besonders verbindendes und schönes Hobby.

mechanisch-technisches Können, die Fähigkeit zum dramatischen Ausdruck, ein Gedächtnis für Tonformen und Rhythmus sowie schöpferische Fähigkeiten wichtige Bestandteile der Musikalität.

Wie sich musikalisches Talent entwickelt

Interesse fördern – schon ganz am Anfang

Musikalität wird zu einem großen Teil vererbt, ist aber, wie alle anderen Begabungen auch, auf Entdeckung und Förderung durch das Lernumfeld angewiesen, um sich entfalten zu können. Musikalität entwickelt sich besonders rasant in den ersten neun Lebensjahren.
Bereits Babys reagieren auf Geräusche, schon im zweiten Lebensjahr beginnen Kinder, spontan Musik zu machen.
Im Kindergartenalter sind sie dann fähig, gehörte Liedteile nachzusingen, erfassen nach und nach den Aufbau einer Melodie, können Klänge unterscheiden und einfache Rhythmen nachspielen. Möglicherweise zeigen sie ein absolutes Gehör, wenn sie ein Instrument erlernen.
Schulanfänger können dann meist schon recht sicher unterscheiden, ob eine Melodie richtig oder falsch klingt. Mit etwa 9 Jahren können Kinder zweistimmige Melodien wahrnehmen und Kadenzen erkennen.
Bei 10-Jährigen stabilisiert sich der Sinn für Harmonien weiter, sie nehmen auch Musikdetails besser wahr. Und im Alter von 12 bis 17 Jahren sind Jugendliche dann in der Lage, Musik mehr und mehr kognitiv und emotional zu erfassen.
Selbstverständlich entwickeln sich musikalische Fähigkeiten ein ganzes Leben lang weiter, aber die Begabung verfestigt sich mit etwa 9 Jahren. Vor allem bis zu diesem Alter kann also das vorhandene musikalische Potential durch viel musikalische Anregung in gewissem Maße gesteigert werden.
Neben der Begabung tragen jedoch andere Aspekte gleichermaßen zum musikalischen Erfolg bei, nämlich Fleiß, Motivation und Durchhaltevermögen. Sogar ein so großartiger Geiger wie Yehudi Menuhin, der bereits als Achtjähriger umjubelte Konzerte gegeben hat und als Wunderkind galt, musste ein Leben lang üben, üben, üben.

So gedeiht das musikalische Talent

Wie man Musikalität anwenden kann

Etwa im 16. Jahrhundert wurde begonnen, Systematik und Ordnung in die Musik zu bringen, unter anderem durch die Erforschung der Tonhöhen und Schwingungszahlen, die Entwick-

Musik – traditionsreiche Kunst

Musikalität

FRAGEBOGEN FÜR ELTERN

	1	2	3	4	5*
1. Ihr Kind kann die Texte einiger Lieder auswendig.	☐	☐	☐	☐	☐
2. Ihr Kind hört gern Musik beziehungsweise legt gern selbst Musik auf.	☐	☐	☐	☐	☐
3. Ihr Kind kann einen Kanon singen.	☐	☐	☐	☐	☐
4. Ihr Kind kann spielerisch klassische Melodien dirigieren.	☐	☐	☐	☐	☐
5. Ihr Kind kann aus dem Gedächtnis einige kurze Melodien aus der Werbung nachsingen.	☐	☐	☐	☐	☐
6. Ihr Kind kann aus dem Gedächtnis einige Töne aus der Wohnung imitieren, zum Beispiel das Telefonklingeln oder den Klingelton an der Tür.	☐	☐	☐	☐	☐
7. Ihr Kind kann auf einem Instrument, das es nicht beherrscht, Tonfolgen finden, die bekannten Melodien entsprechen.	☐	☐	☐	☐	☐
8. Ihr Kind kann Tonhöhe, Geschwindigkeit und auch andere Sprachmerkmale von Personen imitieren.	☐	☐	☐	☐	☐
9. Ihr Kind war bereits in einer Oper, in einem klassischen Konzert oder in einer anderen musikalischen Aufführung.	☐	☐	☐	☐	☐
10. Ihr Kind hat musikalische Vorbilder.	☐	☐	☐	☐	☐
11. In Ihrer Familie gibt es eine musikalische Tradition.	☐	☐	☐	☐	☐
12. In Ihrer Familie werden regelmäßig Musikinstrumente gespielt.	☐	☐	☐	☐	☐

* **1** = trifft gar nicht zu   **2** = trifft eher nicht zu   **3** = trifft teilweise zu
  4 = trifft weitgehend zu   **5** = trifft vollkommen zu

Gesamtpunktezahl: ....

PRAXIS
Wie man Musikalität anwenden kann

Eine Schriftsprache für Lieder

lung eines Notensystems und die einheitliche Stimmung der Instrumente. Eines der Ziele war und ist es, Musik übertragbar und überlieferbar – also konservierbar – zu machen.

Seit Ende des Mittelalters wurden darüber hinaus Kompositionen zunehmend weniger vom Komponisten selbst vorgetragen. Sie konnten ja jetzt theoretisch von jedem, der das Notenbild entziffern konnte, gesungen oder gespielt werden.

Diese Entwicklung brachte unter anderem mit sich, dass entsprechend mehr Musik-»Profis« gebraucht wurden, die über hervorragende musikalische Fähigkeiten verfügten. So gibt es heute ein breites Spektrum an Berufen rund um die Musik: Neben Komponisten, Instrumentalisten, Solisten, Orchestermusikern, Dirigenten und Sängern leben auch Musiklehrer und Musikwissenschaftler von und für Musik.

Karriere nach Noten

Außerdem dreht sich das berufliche Leben von Pop-, Jazz- und Rockmusikern, Filmmusikern, Songschreibern, Tontechnikern und -ingenieuren sowie DJs um die Musik.

Musikalität

FRAGEBOGEN FÜR KINDER

	1	2	3	4	5*
1. Singst du gern?	☐	☐	☐	☐	☐
2. Spielst du ein Instrument?	☐	☐	☐	☐	☐
3. Tanzt du gern?	☐	☐	☐	☐	☐
4. Kannst du einige Musikrichtungen benennen oder sogar beschreiben?	☐	☐	☐	☐	☐
5. Kannst du mehrere Lieder auswendig singen?	☐	☐	☐	☐	☐

* **1** = trifft gar nicht zu   **2** = trifft eher nicht zu   **3** = trifft teilweise zu
4 = trifft weitgehend zu   **5** = trifft vollkommen zu

Gesamtpunktezahl: ....

PRAXIS
64

Kreativität

Kreativ wird im Allgemeinen jemand genannt, der bei verschiedenen Aufgaben und Problemen viele, originelle und vor allem sinnvolle Ideen hat.

Kreativität begegnet uns in allen Lebensbereichen – vor allem bei Kindern. Deren Kreativität zeigt sich zum Beispiel in ihren Bildern: Ein Blatt Papier ist schnell gefüllt mit Kreisen, Spiralen und Kreuzen, wenn das Kind etwa zwei bis drei Jahre alt ist. Später kommen Strichmännchen, Häuser, Blumen und Bäume dazu, gemalt mit Stiften, Wachskreiden, Fingerfarben. Aber auch ein grünes Blatt, eine zerdrückte Beere, oder ein Klecks Tomatensuppe ist in ihren Augen ein Bild. Und malen lässt sich nicht nur auf Papier, sondern auch im nassen Sand, auf dem Boden, an der Wand, mit dem Löffel im Pudding ... Der Drang, alles mit Zeichnungen zu versehen, zeigt sich auch in der Malerei prähistorischer Steinzeitbilder. Wir wissen nicht, welche Funktion diese Zeichnungen damals hatten. Vielleicht machte das Malen den Menschen einfach Freude? Bei Kindern zumindest ist diese Freude offensichtlich.

Kreativität hat viel mit unbeschwerter Freude zu tun. Sie zeigt sich, wenn man sie gar nicht erwartet.

Alles kann Kunst sein

Wie sich Kreativität entwickelt

Das kreative Potential bringen alle Kinder bei ihrer Geburt mit. Dieses Potential kann sich stetig entfalten – wenn es gefördert wird. Ist das nicht der Fall, wird es zugunsten anderer Fähigkeiten zurückgedrängt. So nimmt die Entwicklungsdynamik der Kreativität ab dem 6. Lebensjahr ab und kommt schließlich ab dem Alter von etwa 9 Jahren zum Erliegen. Die nachlassende Kreativitätsentwicklung wird vor allem auf schulische Anpassungspro-

Reich an Ideen und Vorstellungskraft

Kreativität

FRAGEBOGEN FÜR ELTERN

	1	2	3	4	5*
1. Ihr Kind kann aus simplen Dingen und Materialien ungewöhnliche Gegenstände basteln.	☐	☐	☐	☐	☐
2. Ihr Kind sammelt gern Gegenstände und Materialien, für die es schon »eine Idee hat«.	☐	☐	☐	☐	☐
3. Ihr Kind formt aus Ton, Knetmasse oder Plastilin tolle Figuren.	☐	☐	☐	☐	☐
4. Ihr Kind hat einen ungewöhnlichen Geschmack bei der Auswahl seiner Kleidung.	☐	☐	☐	☐	☐
5. Ihr Kind zeichnet gern unterschiedliche Motive.	☐	☐	☐	☐	☐
6. Ihr Kind verwendet weitere Ausdrucksmöglichkeiten außer der Sprache, etwa Fotografie, freien Tanz, Malerei oder anderes.	☐	☐	☐	☐	☐
7. Ihr Kind entwirft selbstständig Gruß- und Geburtstagskarten.	☐	☐	☐	☐	☐
8. Ihr Kind denkt sich kurze Geschichten oder Märchen aus, die es dann erzählt.	☐	☐	☐	☐	☐
9. Ihr Kind schreibt selbst erdachte kurze Geschichten auf.	☐	☐	☐	☐	☐
10. Ihr Kind gestaltet seine Sachen – etwa Schulmäppchen, Aufgabenhefte oder Fotoalben – ungewöhnlich.	☐	☐	☐	☐	☐
11. Ihr Kind macht gern Collagen.	☐	☐	☐	☐	☐
12. Ihr Kind schreibt Briefe mit ungewöhnlichem Format, Farbe oder Schreibrichtung (zum Beispiel spiralförmig oder rückwärts).	☐	☐	☐	☐	☐

* **1** = trifft gar nicht zu **2** = trifft eher nicht zu **3** = trifft teilweise zu
4 = trifft weitgehend zu **5** = trifft vollkommen zu

Gesamtpunktezahl: ....

Kreativität

Fragebogen für Kinder

	1	2	3	4	5*
1. Hast du meist gute Ideen, was du deinen Freunden schenken kannst?	☐	☐	☐	☐	☐
2. Malst du gern?	☐	☐	☐	☐	☐
3. Bastelst du gern ohne Anleitungen oder Vorlagen?	☐	☐	☐	☐	☐
4. Hast du schon mal versucht, ein Lied oder ein Musikstück zu verändern?	☐	☐	☐	☐	☐
5. Hast du einige der Sachen aufbewahrt, die du selbst gebastelt hast?	☐	☐	☐	☐	☐

* **1** = trifft gar nicht zu   **2** = trifft eher nicht zu   **3** = trifft teilweise zu
4 = trifft weitgehend zu   **5** = trifft vollkommen zu

Gesamtpunktezahl: ....

---

zesse zurückgeführt. In der Schule werden eher so genannte konvergente Fähigkeiten – Logik, Rechenfertigkeit, Rechtschreibung – gefördert und die divergenten – also kreativen – vernachlässigt. Aber auch Mathematik oder Deutsch müssen keinesfalls unkreativ sein: Wer sich für Schachspiel begeistert oder das kreative Schreiben übt, lebt sein kreatives Potential aus.

Karriere mit Fantasie

Wo man Kreativität anwenden kann

Ein Kind ist kreativ in seinem Bemühen, Bauklötzen, Spielzeugautos und Töpfen die schönsten Klänge zu entlocken. Wird daraus der künstlerische Weg eines Taiko-Trommlers? Wandelt ein kleiner Zeichner bald auf den Spuren Picassos, oder wird er ein talentierter Webdesigner?
Musiker, Maler, Webdesigner – der Eindruck täuscht! Um kreativ zu sein, braucht man nicht unbedingt einen »kreativen« Beruf. Jeder Beruf verlangt schöpferisches Potential! So bewundern wir einen Lehrer, der die Hebelgesetze auf einer Baustelle erklärt, einen Ingenieur, der Neues erfindet, einen Polizeibeamten, der mit seiner unkonventionellen Art einen guten Zugang zu Jugendlichen findet. Hier ist nicht der Beruf kreativ, sondern die Persönlichkeit – und darauf kommt es an.

Kreativität – auch im Alltag gefragt

Die Auswertung

In den Ergebnissen lesen

Geschafft! Sie haben sämtliche Fragen zu den unterschiedlichen Begabungsbereichen Ihres Kindes beantwortet. Und nun geht es darum, aus den Antworten der Fragebögen, die Sie und Ihr Kind ausgefüllt haben, eine Aussage über die Begabungsschwerpunkte Ihres Kindes zu bekommen.

Werte ermitteln und ein Talentprofil erstellen

Dazu müssen Sie zunächst alle Punkte zählen. Bei den einzelnen Fragebögen zu jedem Persönlichkeits- und Begabungsbereich haben Sie jeweils eine Summe für die Punkte des Elternfragebogens und eine für die des Kinderfragebogens notiert. Tragen Sie nun alle diese Summen in die Tabelle rechts ein.
Anschließend addieren Sie beide Werte – den von Ihnen als Eltern und den vom Kind ermittelten – und tragen die Gesamtsumme in der Tabelle hinter dem Wort »Summe« ein. Alle Summenwerte liegen zwischen 17 und 85 Punkten.

So wird's gemacht Ab Seite 70 erfahren Sie, was die einzelnen Werte über die Begabungen Ihres Kindes aussagen.

Die Auswertung

TALENT	PUNKTE
Soziale Kompetenz	Eltern: .... Kind: .... **Summe:**
Verträglichkeit	Eltern: .... Kind: .... **Summe:**
Leistungsmotivation	Eltern: .... Kind: .... **Summe:**
Räumliches Denken	Eltern: .... Kind: .... **Summe:**
Logisches Denken	Eltern: .... Kind: .... **Summe:**
Sprachliche Fähigkeiten	Eltern: .... Kind: .... **Summe:**
Sportliche Fähigkeiten	Eltern: .... Kind: .... **Summe:**
Praktisches Geschick	Eltern: .... Kind: .... **Summe:**
Musikalität	Eltern: .... Kind: .... **Summe:**
Kreativität	Eltern: .... Kind: .... **Summe:**

Die Auswertung

Sehr anschaulich: Das Talentprofil

Sie brauchen die auf Seite 67 ermittelten Werte auch, um sie in das Profil auf der rechten Seite zu übertragen.
Markieren Sie in dieser Übersicht mit einem Punkt jeweils, in welchem Bereich der Summenwert für die entsprechende Begabung bei Ihrem Kind liegt. Die leeren Kästchen bis zu diesem Wert darf Ihr Kind im Profil mit einem Bleistift schraffieren oder ausmalen (siehe Beispiel unten).
So entsteht ein richtiges Talentprofil. Mit dessen Hilfe können Sie nun tatsächlich auf einen Blick erkennen, welche Begabungen und Fähigkeiten in Ihrem Kind schlummern.

So sieht ein ausgefülltes Profil aus. Für Ihr Kind können Sie es in der Grafik rechts anlegen.

Die Interpretation der Ergebnisse

Alle Begabungen und Persönlichkeitsmerkmale sind in der Gesamtbevölkerung mehr oder weniger gleichmäßig verteilt: Im Mittelfeld finden sich die meisten Menschen mit ihren Werten wieder, nämlich ungefähr zwei Drittel. Diese Menschen sind also leicht oder ganz passabel mit der entsprechenden Begabung oder dem Persönlichkeitsmerkmal ausgestattet.
Und auf der einen Seite – mit der hohen Punktzahl – finden wir in dem getesteten Bereich sehr Begabte, auf der anderen Seite etwa ebenso viele kaum Begabte. Die besten zwei Prozent jeden Jahrgangs werden, wenn es sich um Begabungen handelt, auch als Hochbegabte bezeichnet (siehe auch Kasten Seite 10). Wegen seiner Ungenauigkeit wird dieser Begriff aber in der Persönlichkeitsforschung kaum noch verwendet. Es ist übrigens völlig normal, dass man bei manchen Begabungen ausgesprochen gut und bei anderen weniger gut abschneidet. Es ist aber sehr selten der Fall, dass jemand in allen Bereichen hervorragend ist – oder überall ganz schlecht. In der Regel ist ein Begabungs- und Persönlichkeitsprofil sehr individuell und abwechslungsreich.

Auf einen Blick: Wer steht wo?

Jeder hat Schwächen und Stärken

Profil von **Markus Müller**

Gesamtpunktezahl:	17 bis 23	24 bis 32	33 bis 41	42 bis 50	51 bis 59	60 bis 68	69 bis 77	78 bis 85
Ausprägung der Persönlichkeitsmerkmale	kaum ausgeprägt		leicht ausgeprägt		recht ausgeprägt		sehr ausgeprägt	
Soziale Kompetenz								
Verträglichkeit								
Leistungsmotivation								
Ausprägung der Begabungen	kaum begabt		leicht begabt		recht begabt		sehr begabt	
Räumliches Denken								
Logisches Denken								
Sprachliche Fähigkeiten								
Sportliche Fähigkeiten								
Praktisches Geschick								
Musikalität								
Kreativität								

Das Talentprofil

PRAXIS 69

Profil von ....

Gesamtpunktezahl:	17 bis 23	24 bis 32	33 bis 41	42 bis 50	51 bis 59	60 bis 68	69 bis 77	78 bis 85
Ausprägung der Persönlichkeitsmerkmale	kaum ausgeprägt		leicht ausgeprägt		recht ausgeprägt		sehr ausgeprägt	
Soziale Kompetenz								
Verträglichkeit								
Leistungsmotivation								
Ausprägung der Begabungen	kaum begabt		leicht begabt		recht begabt		sehr begabt	
Räumliches Denken								
Logisches Denken								
Sprachliche Fähigkeiten								
Sportliche Fähigkeiten								
Praktisches Geschick								
Musikalität								
Kreativität								

Auswertung der Persönlichkeitsmerkmale

Auf den folgenden Seiten finden Sie die Auswertung der Ergebnisse in den Bereichen soziale Kompetenz, Verträglichkeit und Leistungsmotivation, so genannte Persönlichkeitsmerkmale.
Ab Seite 75 lesen Sie, was die einzelnen Werte über die Voraussetzungen Ihres Kindes im Bereich der Begabungen aussagen.

Hinweise auf die Persönlichkeit

Soziale Kompetenz

Wer wünscht sich nicht eine »soziale Einstellung« bei anderen? Obwohl auch angeborene Persönlichkeitsmerkmale für die Ausprägung der sozialen Kompetenz wichtig sind, entsteht sie doch zum großen Teil durch ein Zusammenspiel dieser Anlagen mit erlernten und geübten Verhaltensweisen im Alltag eines Kindes (siehe auch ab Seite 30). Lesen Sie nun, was die Punktzahl über Ihr Kind aussagt.

Kaum und leicht ausgeprägt: 17 bis 50 Punkte

Nach Ihren Angaben ist die soziale Kompetenz bei Ihrem Kind nicht oder noch nicht sehr stark ausgeprägt. Da man heute sehr gut weiß, dass soziale Kompetenz auch sozial erwünscht ist und auf den gesamten Lebens- und Berufserfolg positiven Einfluss hat, sollten Sie auf ein günstiges Klima für soziales Handeln achten.

Mit Ihrer Hilfe nutzt Ihr Kind seine Reserven

So fördern Sie Ihr Kind

Wichtig und interessant ist in diesem Zusammenhang sicher auch Folgendes: Soziales Verhalten beginnt grundsätzlich mit dem Selbstbild Ihres Kindes. Untersuchungen belegen, dass Kinder mehr Offenheit für die Sorgen und Nöte anderer zeigen, wenn sie ein positives Bild von sich haben und selbstbewusst sind. Stärken Sie dieses positive Selbstbild und ermutigen Sie Ihr Kind zu sozialem Handeln. Leben sie es überzeugend vor! Zahlreiche Tipps und Ideen, mit denen Sie die Entwicklung Ihres Kindes in diesem Bereich fördern können, finden Sie ab Seite 80. Auch der Erfolg sozialen Handelns hat Einfluss darauf, ob Ihr Kind dabei bleibt oder nicht. Reagieren Sie auf das soziale Handeln Ihres Kindes anerkennend und bestätigend.

Selbstliebe ist der erste Schritt

PRAXIS
Soziale Kompetenz
71

Recht ausgeprägt: 51 bis 68 Punkte

Ihr Kind hat Einfühlungsvermögen

Ihr Kind verfügt bereits über gute soziale Verhaltensweisen: Viele der Fragen zum sozialen Handeln haben Sie und Ihr Kind zustimmend beantwortet.
Wer im Beruf neben seinem Talent auch soziale Fähigkeiten mitbringt, ist im Vorteil. Empathie – die Fähigkeit, sich in andere hineinzuversetzen –, Mitgefühl, ein positives Selbstbild und Vertrauen in eigene Fähigkeiten sind bei Ihrem Kind gut zu erkennen. Außerdem wird Ihr Kind in diesem Bereich wahrscheinlich bereits durch Ihr Vorbild und ein so genanntes prosoziales Umfeld unterstützt. Ihr Kind ist oder wird ein guter Teamplayer, ob in einer Sportmannschaft, einem Chor oder Orchester, einer Forschungsgruppe oder einem Unternehmen. Sie können das Sozialverhalten Ihres Kindes durch ein gutes Vorbild, Bestätigung und Anerkennung fördern.

Teamgeist – ein Joker für die Zukunft

Sehr ausgeprägt: 69 bis 85 Punkte

Bereits jetzt hat Ihr Kind ein vorbildliches Sozialverhalten. Es zeigt Mitgefühl, Empathie und soziale Verantwortung. Es verfügt über Teamgeist und Kompromissbereitschaft und damit über Eigenschaften, die in modernen, flachen Hierarchien besonders erfolgreich eingesetzt werden können. Offenbar herrscht auch in Ihrer Familie und im persön-

Mit sozialer Kompetenz hat Ihr Kind ein wunderbares Gefühlskapital.

Auswertung der Persönlichkeitsmerkmale

lichen Umfeld Ihres Kindes eine Kultur des sozialen Handelns und Denkens. Damit lieferten und liefern Sie Ihrem Kind wertvolle Orientierung für das erfolgreiche Zusammenleben. Untersuchungen zeigen, dass soziales Handeln oft auf emotionale Stabilität, eigene bewusste Identität, Selbstvertrauen und ein positives Selbstbild zurückzuführen ist.

Sie sind der »Leitstern« für Ihr Kind

Verträglichkeit

Wie Sie schon auf Seite 34 lesen konnten, ist Verträglichkeit ein Teil der interpersonellen Kompetenz. Es geht dabei also um die Fähigkeit, aber auch das Bedürfnis, mit anderen Menschen gut auszukommen.

Kaum und leicht ausgeprägt: 17 bis 50 Punkte

Nach Ihren Angaben zeigt Ihr Kind im Augenblick ein eher wenig verträgliches Verhalten. Das heißt, es glaubt nicht alles, was man ihm erzählt, vertraut nicht jedem sofort, verfügt über eine gesunde Skepsis und kann sich ohne weiteres längere Zeit allein beschäftigen und konzentrieren. Was heißt das außerdem? Ist Ihr Kind mit seiner geringen Verträglichkeit benachteiligt? Nicht unbedingt: Verträglichkeit ist

Ihr Kind traut nicht jedem

zwar in hohem Maße sozial erwünscht, weil es einfach angenehm ist, mit harmoniebedürftigen, wohlwollenden Menschen zusammen zu sein. Aber diese sind nicht für alle Berufe geeignet. Denken Sie an harte Auseinandersetzungen zwischen Staatsanwalt und Verteidiger im Gerichtssaal, an einen Polizisten bei einer Demonstration von Hooligans oder an Wissenschaftler auf einer einsamen, entbehrungsreichen Forschungsreise.

Manchmal muss auch Härte sein

Recht ausgeprägt: 51 bis 68 Punkte

Ihr Kind liegt bei der Verträglichkeit im oberen Mittelfeld. Es neigt also eher dazu, anderen zu vertrauen und den Menschen insge-

Die Beschäftigung mit einem Haustier beeinflusst die soziale Kompetenz eines Kindes oft sehr positiv.

samt zunächst Gutes zu unterstellen. Es begegnet anderen mit Wohlwollen und versucht, Streitigkeiten zu vermeiden. Harmonie ist Ihrem Kind ebenso wichtig, wie anderen zu helfen. Menschen mit hoher Verträglichkeit sind meist sehr beliebt bei anderen, müssen aber dabei ab und an darauf achten, dass sie ihre eigenen Interessen nicht zu sehr vernachlässigen.

Sehr ausgeprägt: 69 bis 85 Punkte

Vertrauensvoll und altruistisch

Ihre Angaben und die Ihres Kindes weisen auf eine hohe Verträglichkeit hin. Ihr Kind dürfte ausgesprochen beliebt und gesellig sein. Man erhält, selbst als Fremder, einen hohen Vertrauensvorschuss. Missstimmungen und Streit versucht es möglichst zu vermeiden. Ihr Kind denkt meist zuerst an andere, dann erst an sich selbst und bringt für die Situation anderer viel Verständnis auf.
Sie sollten darauf achten, dass Ihr Kind auch an seine eigenen Bedürfnisse und Wünsche denkt und nicht allzu nachgiebig und selbstlos handelt.
Wenn man einen Blick in die berufliche Zukunft wagt, sieht man Ihr Kind besonders erfolgreich in sozialen, beratenden und Lehrberufen. Weniger geeignet werden Berufe sein, in denen man hart für die eigenen Interessen kämpfen muss, viel auf sich allein gestellt ist und mehr Konkurrenten als Förderer um sich hat (siehe Beispiel auf der linken Seite).

Leistungsmotivation

Auch wenn die Motivation natürlich immer auch von der jeweiligen Aufgabe abhängt, gibt es Menschen, die grundsätzlich mehr, andere, die ganz allgemein weniger leistungsmotiviert sind. Während man Menschen mit sehr hoher Leistungsmotivation eher bremsen muss, fällt es bei jemandem mit wenig innerem Antrieb oft schwer, ihn oder sie zu etwas zu bewegen.

Kampfgeist oder Lässigkeit

Kaum und leicht ausgeprägt: 17 bis 50 Punkte

Ihren Angaben im Fragebogen zufolge verfügt Ihr Kind über wenig Ehrgeiz, Dinge anzupacken oder sich für etwas zu begeistern. Auch das Lernumfeld des Kindes scheint weniger von Leistung und Erfolgsstreben geprägt.
Aber dass man sich keinem zu großen Leistungsdruck aussetzt, sondern gelassen bleibt, kann auch eine Stärke sein. Und es kommt selten vor, dass Kinder gar nicht zu motivieren sind.

PRAXIS

Auswertung der Persönlichkeitsmerkmale

Motiviert zu sein hängt von vielen Faktoren ab. Finden Sie den Motor, der Ihr Kind antreibt!

Ihr Kind ist in der Lage, sich selbst ein Ziel zu stecken und dann auch konzentriert darauf hinzuarbeiten. Es lernt bewusst Neues und möchte zumindest auf einem Gebiet der oder die Beste sein. Diese Leistungsmotivation – die in Ihrem Kind offenbar als Anlage vorhanden ist und durch die Umgebung unterstützt wird – wird ihm in der Schule und bei Freizeitaktivitäten vieles leichter machen.

So fällt Lernen leichter

Sehr ausgeprägt: 69 bis 85 Punkte

Ihr Kind macht laut Fragebogen-Ergebnis einen höchst motivierten Eindruck. In Ihrer Familie herrscht die Ansicht, dass Leistung und Erfolg Spaß machen und man dafür eben auch immer wieder etwas leisten muss. Schwierigkeiten werden in der Regel zu Herausforderungen. Ein Problem zu lösen gilt als sportlicher Wettkampf.

Ihr Kind verfügt somit über beste Voraussetzungen, aus einer Begabung eine wirkliche Fähigkeit zu machen. Denn um Talente auszubauen und in Leistung umzusetzen, muss man üben, trainieren, wiederholen, verzichten, dranbleiben und Rückschläge verkraften. Um ein Ziel zu erreichen, ist viel Motivation von innen und außen nötig.

Meist hat nur noch niemand die richtigen Auslöser für die Eigenmotivation des Kindes entdeckt. Wenn Sie finden, dass die Motivation Ihres Kindes in einem Bereich besonders gering ist, fragen Sie nach und besprechen Sie mit ihm, woran das liegen könnte.

Recht ausgeprägt: 51 bis 68 Punkte

Ihren Angaben zufolge verfügt Ihr Kind über gute Leistungsmotivation und gesunden Ehrgeiz. Auch im Umfeld herrscht eine Atmosphäre von Erfolgsstreben und Leistung. Es gibt Vorbilder, die durch ihr Handeln Leistung für Ihr Kind als etwas Positives und Erstrebenswertes erscheinen lassen.

Ihr Kind hat Ehrgeiz

Ihr Kind ist ein hartnäckiger Kämpfer

Auswertung zu den 7 Begabungen

Auf den folgenden Seiten lesen Sie, was die Ergebnisse des Tests über die Talente Ihres Kindes im räumlichen und logischen Denken, im Bereich der sprachlichen und sportlichen Fähigkeiten sowie hinsichtlich des praktischen Geschicks, der Musikalität und der Kreativität aussagen.

Kaum oder leicht begabt: 17 bis 50 Punkte

Für die Eltern

Talente – welche hat Ihr Kind?

Es weist bei Ihrem Kind wohl nur wenig auf eine besondere Beziehung zu diesem Begabungsbereich hin. Der wesentliche Unterschied zu den höheren Stufen »recht begabt« und »sehr begabt« besteht darin, dass alle Aspekte, die auf eine Begabung beim Kind hindeuten, und alle Umwelteinflüsse, die diese Begabung fördern und entwickeln könnten, weitgehend fehlen: Es herrscht im Lernumfeld Ihres Kindes vermutlich keine Atmosphäre, die diese Begabung fördern würde. Es werden kaum Tätigkeiten ausgeübt, die eng mit diesem Talent verbunden sind. Zudem hat Ihr Kind keine oder kaum Vorbilder, die über diese Begabung verfügen. In Ihrer Familie finden sich keine Menschen, die Berührungspunkte zwischen diesem Begabungsbereich und den Beschäftigungen Ihres Kindes schaffen könnten, etwa durch regelmäßiges Üben, Ausflüge, besondere Fähigkeiten, Ausrüstung und entsprechende Gegenstände. Ihr Kind fühlt sich kaum zu Aktivitäten hingezogen, die die betreffende Begabung erfordern oder fördern. Es hat insgesamt wenig Interesse und Begeisterung für typische Herausforderungen in diesem Talentfeld. Wenn es nicht den ausdrücklichen Wunsch Ihres Kindes gibt, in diesem Begabungsbereich aktiv zu sein, sollten Sie auf diesem Gebiet nicht allzu viel Zeit, Geld und Energie investieren, sondern besser in die Förderung anderer, ausgeprägterer Talente.

Stärken liegen sicher anderswo

Für die Kinder

Du liegst bei diesem Begabungsfeld im unteren Bereich, was darauf hinweist, dass das nicht unbedingt deine allerstärkste Seite ist. Wir haben gesehen, dass du bei den Fragen kaum etwas gefunden hast, was du wirklich toll findest. Aber das macht nichts – jeder hat andere Begabungen! Solltest du an diesem Bereich trotzdem Freude haben, lass dir den Spaß auf keinen Fall verderben! Wenn du etwas wirklich willst, kannst du mit etwas Hilfe, mit Fleiß und Ausdauer auch ohne großes Talent Erfolge erzielen. Es ist eben meist nur etwas mühsamer, und man kommt nicht ganz so weit wie in Bereichen, in denen man mehr Talent hat. Vielleicht ist aber gerade das für dich die besondere Herausforderung?

Wo ein Wille ist, sind oft auch Wege

Recht begabt: 51 bis 68 Punkte

Für die Eltern

Nach Ihren Angaben im Fragebogen liegt Ihr Kind in dieser Begabung zwar im großen Mittelfeld, aber doch in dessen oberer Hälfte. Viele Fragen nach Aktivitäten, Vorbildern, aktiven Familienmitgliedern, Vorlieben und ersten Erfolgen wurden mit Zustimmung beantwortet. Lassen Sie noch einmal Revue passieren, wie oft und intensiv sich Ihr Kind mit dieser Begabung entsprechenden Tätigkeiten beschäftigt. Dabei werden Sie feststellen, ob Talent und Lernumfeld schon ganz gut zusammenwirken.

Wenn es dem Wunsch Ihres Kindes entspricht, würde sich hier wahrscheinlich eine regelmäßige, intensivere Beschäftigung lohnen. Schließlich geht es bei der Suche nach Talenten nicht nur um eine spaßige Freizeitbeschäftigung, sondern tatsächlich um die zeitige Entwicklung von Fähigkeiten auf der Grundlage einer Begabung, die später neben Freude auch beruflichen Erfolg und Erfüllung bringen werden. Diese Einschätzung soll Sie auch dazu ermutigen, das Lernumfeld Ihres Kindes noch besser auf die Entwicklung seines Talents abzustimmen. Mit etwas Durchhaltevermögen und Unterstützung von außen kann Ihr Kind hier einiges erreichen.

Förderung – ein guter Ansatzpunkt

Für die Kinder

Du liegst bei diesem Begabungsbereich schon ganz gut – über dem Durchschnitt. Wenn dir dieser Bereich gefällt, kannst du hier durchaus aufbauen.
Falls du dich für diesen Bereich mehr als für andere interessierst und wirklich dranbleibst, dich ständig verbesserst und übst – und dir das Ganze auch Spaß macht –, könnte daraus später durchaus einmal ein interessanter Beruf werden.

PRAXIS
Auswertung zu den 7 Begabungen

Sehr begabt: 69 bis 85 Punkte

Für die Eltern

Dieser Begabungsbereich scheint Ihrem Kind ganz besonders zu liegen. Man sieht hier echtes Talent, freiwillige Beschäftigung und ein förderndes Lernumfeld. Nehmen Sie das Ergebnis als Bestätigung und Ermutigung, Ihrem Kind jede Unterstützung zu geben, dieses Talent auszubauen, sich darin zu üben, zu messen und zu verbessern.
Es ist zu hoffen, dass es Ihnen gelingt, Ihr Kind in dieser Hinsicht immer wieder zu begeistern. Dabei sollten Sie sich weniger Gedanken darüber machen, Ihr Kind nicht zu überfordern, als über die Gefahr, ihm zu wenig Herausforderungen zu bieten. Talentierte Kinder wollen gefordert werden – sehr oft mehr, als das in der Schule geschieht. Hier sind Sie als Eltern gefragt.

Für die Kinder

Du liegst in diesem Begabungsfeld weit vorn. Das heißt, dass du alles, was mit diesem Talent zu tun hat, schneller und leichter lernst – und hier am meisten erreichst. Vielleicht wird später daraus sogar ein Beruf? Wenn du Lust hast, beschäftige dich mit deinem Talent, trainiere deine Fähigkeiten. Hebe deinen Begabungsschatz: Er ist wertvoller als der Schatz im Silbersee und alle Goldbarren und Edelsteine.

Hier sind die Talente versteckt

Das ist es, was dir Freude macht

Gerade der Sport in einer Mannschaft fördert neben sportlichen auch soziale Fähigkeiten.

So fördern Sie Ihr Kind

Sie wissen nun, wo Ihr Kind seine Stärken und Talente hat. Sicher hatten Sie in manchen Bereichen schon die Vermutung, dass Ihr Kind hier besondere Fähigkeiten haben könnte. Über die Existenz anderer Begabungen waren Sie vielleicht überrascht.
Auf den folgenden Seiten finden Sie nun zahlreiche Tipps, wie Sie die entdeckten Talente fördern können. Sie erfahren, wie Sie Ihr Kind im Alltag dabei unterstützen, all das optimal zu entfalten, was in ihm steckt. Viel Erfolg und Freude dabei!

PRAXIS

Starthilfe für Ihr Kind: So entfaltet sich Talent

Der Schuleintritt ist ein Meilenstein im Leben eines Kindes. Das siebente Lebensjahr markiert in der intellektuellen und körperlichen Entwicklung einen neuen Abschnitt.

In diesem Alter erfahren Kinder auch hormonell bedingte körperliche Veränderungen. Zur Pubertät hin zeigen sich diese Veränderungen immer stärker. Zwischen dem Wachstumsschub mit sieben und dem noch einmal viel deutlicheren in der Pubertät nehmen die Muskeln zu, und die Körperkoordination verbessert sich.

Wenn der Körper verrückt spielt

Dies lässt sich gut an der Hand-Auge-Koordination veranschaulichen: Die meisten Sechsjährigen können einen Ball stoßen, viele können ihn fangen, aber nur wenige zeigen darin wirklich auffallende Fertigkeiten, bevor sie acht oder neun Jahre alt sind.

Eine Frage des Alters: Wenn alles im Wandel ist

Langsam verändert sich in diesen Jahren auch Ihre Beziehung zu Ihrem Kind. Das innige Miteinander der ersten Jahre schwindet etwas. Ihr Kind teilt nicht mehr alle Geheimnisse mit Ihnen, Freundschaften mit Gleichaltrigen gewinnen an Bedeutung. Sicher ist Ihr Kind immer noch gern bei Ihnen, kann es aber auch kaum erwarten, zu den Freunden zu kommen. Immer mehr orientiert es sich auch an anderen Vorbildern. Sie sind nicht mehr das Maß aller Dinge, wie in den ersten Lebensjahren.

Freunde sind jetzt sehr angesagt

Während im Alter von sechs Jahren Freundschaften noch eher flüchtig sind, werden sie in den Jahren darauf immer intensiver und wichtiger. Mit sechs Jahren spielen Mädchen und Jungen meist noch gemeinsam, mit acht klafft zwischen Jungen und Mädchen eine Lücke wie in keinem anderen Alter wieder.

Es ist auch die Zeit der Streiche und Mutproben. Eltern machen sich in dieser Zeit oft ernsthafte Sorgen und denken wehmütig an die frühe Kindheit ihres Nachwuchses zurück. Sicher fällt es Ihnen jetzt manchmal sehr schwer, Ihr Kind dazu zu bewegen, mit Ihnen zusammen etwas zu machen oder etwas zu tun, was Sie vorgeschlagen haben. Verzweifeln Sie nicht: Ihr Kind befindet sich in einer Zeit des Aufbruchs und wirkt vielleicht

Eine Phase der Veränderung

PRAXIS
Talente suchen – und anerkennen
81

oft wie eine fremde Person, aber es hat ganz sicher nicht all den Spaß und die schönen Momente vergessen, die Sie gemeinsam bisher erlebt haben.

Für die weitere Entwicklung Ihres Kindes bleibt Ihre Anwesenheit gleich wichtig, und Sie können und sollen – auch im Hinblick auf Begabungen – ein Quell der Entfaltung und der Inspiration sein.

Talente suchen – und anerkennen

Es ist wahrlich nicht einfach, den schmalen Grat der richtigen Förderung – zwischen zu viel und zu wenig, zu schwer und zu leicht, zu oft und zu selten – zu beschreiben. Aber wie auch immer Sie diese Aufgabe anpacken:

Förderung muss vor allem Freude machen: Frohe Kinder lernen lieber – und auch besser.

Bleiben Sie stets der Partner Ihres Kindes. Werden Sie nicht zum Antreiber, dessen Ehrgeiz größer ist als der des Kindes. Reden Sie sich keine Begabung Ihres Kindes ein, wo es keine gibt, auch wenn Sie es gern so hätten (»Ich wollte früher immer Pianistin werden!«). Verschließen Sie nicht die Augen vor Begabungen, mit denen Ihr Kind gesegnet ist, auch wenn sie in eine Richtung weisen, die für Sie neu, fremd oder aus irgendwelchen Gründen sogar unerwünscht ist (»Mein Sohn soll ein ordentlicher Fußballspieler werden, und kein Flötist!«).

Sie sollten sich als Eltern darüber im Klaren sein, dass es bei der Talentförderung um die Fähigkeiten und Interessen Ihres Kindes geht – und nicht um Ihre eigenen ehrgeizigen Ziele.

Dem Kind eigene Träume lassen

Die richtige Förderung: So packen Sie's an

Wenn Sie sich vorgenommen haben, Ihr Kind in einem oder in verschiedenen Begabungsbereichen zu unterstützen und zu fördern, empfiehlt sich ein Förder-Wochenplan.
Außerdem ist das verständnisvolle, aber konsequente Lenken und Leiten des Kindes unverzichtbar. Neben der aufmerksamen Beobachtung hilft eine fundierte Begabungsanalyse, Ihr Kind in seiner

Eine gute Balance finden

ganzen Vielfalt und Einzigartigkeit zu verstehen. Und: Begabungen können sich erst entwickeln, wenn Kinder die Gelegenheit haben, sie auch auszuüben. Besonders wichtig: Machen Sie aus den Förderzeiten keine Unterrichtsstunden, die an Schule erinnern – Begabungsförderung soll im Idealfall die schönste Freizeitbeschäftigung sein. Wie können Sie das erreichen?

Oberstes Kriterium: Es soll Spaß machen

Einige Tipps für »schöne Förderstunden«

Bevor Sie die Fördertipps zu den einzelnen Begabungsbereichen (ab Seite 83) lesen, hier noch ein paar allgemeine Grundsätze:
● Ermutigen Sie Ihr Kind, seinen Interessen nachzugehen. Ermuntern Sie es dazu, selbstbewusst und selbstständig seine Ideen und Begabungen zu verwirklichen. Vertrauen in die eigenen Fähigkeiten ist eine wichtige Voraussetzung für gute Leistungen.
● Stellen Sie realistische Anforderungen, die Ihr Kind anspornen. Stecken Sie die Ziele nicht zu hoch, damit es nicht den Mut verliert, aber auch nicht zu niedrig, weil es sich sonst nicht ernst genommen fühlt.
● Vermeiden Sie möglichst alles, was die Motivation Ihres Kindes ersticken, seine Begeisterung und Kreativität hemmen könnte. Die

Das Feuer nie verlöschen lassen

Freude und die Lust an einer Tätigkeit werden nur zu schnell gedämpft durch permanentes Unterbrechen und Nörgeln, durch Ablehnung oder durch Strafen, vor allem auch durch das Verbot von Dingen, die das Kind besonders gern tut – etwa nach dem Motto: »Wenn du dies oder das nicht tust, dann darfst du nicht auf den Sportplatz oder an den Computer.«
● Lob und Belohnung sind wichtig. Ein Kind braucht Zustimmung und angemessene, ehrliche Anerkennung für seine Erfolge, Leistungen und Fortschritte. Aber: Auch Kritik muss gelegentlich sein. Achten Sie darauf, dass sie konstruktiv ist.
● Kinder spielen gern miteinander. Jedes Kind sollte aber auch Gelegenheit haben, sich allein konzentriert mit etwas zu beschäftigen. Versuchen Sie, es dabei nicht zu unterbrechen.
● Planen Sie immer wieder Aktivitäten, die auch den Interessen Ihres Kindes entsprechen.
● Noch etwas: Eltern sind das große Vorbild für Kinder. Es ist für die Kleinen ganz wichtig, zu erleben, dass ihre Eltern sich begeistern und einsetzen können, dass sie auch ihre eigenen Fähigkeiten einsetzen, ihren Interessen und Neigungen nachgehen. Lassen Sie Ihr Kind also auch an Ihrem Leben teilhaben.

Auch ehrliche Kritik spornt an

So fördern Sie die soziale Kompetenz

Mit den folgenden Tipps können Sie spielerisch im Alltag die soziale Kompetenz (siehe ab Seite 29) Ihres Kindes unterstützen.

Kommunikation zwischen den Generationen

Gemeinsame schöne Erlebnisse schaffen Nähe zwischen jungen und älteren Menschen.

Wenn irgend möglich: Geben Sie Ihrem Kind Gelegenheit, mit Menschen verschiedener Generationen zu kommunizieren. Während der Kontakt zu Gleichaltrigen zwischen 6 und 12 Jahren ganz selbstverständlich ist, herrschen oft gegenüber der Eltern- und vor allem der Großelterngeneration enorme Defizite und sogar Berührungsängste. So kommt es nicht selten zu unschönen und ungerechtfertigten Vorurteilen – auf beiden Seiten. Wenn Sie das Glück haben, in einer Familie mit mehreren Generationen zu leben, entsteht ein generationenübergreifender Dialog natürlich leichter. Die meisten Kinder wachsen jedoch auf, ohne dass die Großeltern in unmittelbarer Umgebung leben. In diesem Fall muss man sich etwas ausdenken.

Den Dialog zwischen Jung und Alt fördern

● Wie wäre es mit einem »Treffen der Generationen«? Eine Schulklasse könnte regelmäßig ältere Menschen in einem Altersheim besuchen. Jugendliche sind meist beeindruckt, wie unterhaltsam und spannend Gespräche mit älteren Menschen sein können. Solche Erfahrungen fördern empathische Fähigkeiten, Verträglichkeit und Kontaktfreude.

Der positive Kreislauf guter Taten

Alle, die Erfahrung damit haben, sind sich einig: Soziales Engagement zahlt sich aus. Natürlich nicht in Euro, aber in einem

Ein gutes Gefühl ist viel wert

guten Gefühl und oft in besonderer Anerkennung. Der Blick eines dankbaren Menschen oder der Respekt, der einem hilfsbereiten Menschen entgegengebracht wird, sind mit etwas Gekauftem nicht vergleichbar. Es ist ein echter Erfolg. Und auch bei dieser Art von Erfolg stellt sich ein Verlangen nach »mehr« ein. Versuchen Sie, diesen positiven Mechanismus in Ihrem Kind auszulösen: Erfolg und Anerkennung durch soziales Handeln fördern Hilfsbereitschaft, Empathie, Mitgefühl und Verständnis.

Solidarität ist auch für Helfer schön

Gefühle in Worte fassen

Um mit eigenen Konflikten und Krisen umgehen zu können, muss man sie zuallererst sprachlich ausdrücken und aussprechen können. Pflegen Sie deshalb mit Ihrem Kind eine entspannte Kultur des offenen Gesprächs über Gefühle. Viele Menschen haben Probleme, zu schildern, wie es ihnen geht oder was sie empfinden: »Wie geht's?« – »Geht schon!« So sehen oft Gespräche über das Seelenleben aus. Oft gilt in der Psychotherapie: Wenn ein Klient in der Lage ist, sein Problem an- und auszusprechen, ist es schon fast gelöst.
● Also: Fordern Sie Ihr Kind auf, über seine Gefühle zu sprechen. Fragen Sie nach seinem Befinden

Emotionen verständlich machen

und hören Sie gut zu. Lassen Sie sich von ihm ausführlich schildern, wie es sich in dieser oder jener Situation gefühlt hat. Sprechen Sie über Wut und Ärger, Traurigkeit und Verzweiflung, Glücksgefühle und Verliebtsein.

Wenn ich denke, ich wär du ...

Motivieren Sie Ihr Kind zu Rollenspielen nach dem Motto: Stell dir vor, du gehörst irgendeiner Randgruppe an! So können hervorragend die empathischen Fähigkeiten geschult werden – Ihr Kind lernt, sich in andere Menschen hineinzuversetzen.
● Lassen Sie es einen Rollstuhlfahrer, einen Blinden, einen Ausländer ohne Deutschkenntnisse, einen alten Menschen oder einen Bettler spielen. Es soll dabei ruhig einige Vorurteile spüren, denen diese Menschen ausgesetzt sind.

Mitgefühl kann man lernen

Freundschaften pflegen

Helfen Sie Ihrem Kind, Aktivitäten gemeinsam mit anderen Kindern zu planen.
● Dabei haben sich Computer und Sport als die besten »Eisbrecher« bewährt – Hobbys, die schnell verbinden.
● Machen Sie Ihrem Kind den positiven Wert von Freunden deutlich. Wenn Sie sich zum Bei-

PRAXIS
Spiele und Anregungen

Stabile, gleichberechtigte Freundschaften machen stark – und glücklich.

Auch Alleinsein will gelernt sein

Ermutigen Sie Ihr Kind, sich jeden Tag auch eine gewisse Zeit lang allein zu beschäftigen. Diese Phasen sind wichtig, um die eigenen Gedanken zu sammeln und über sich selbst nachzudenken. Wer ständig unter Leuten ist, läuft Gefahr, sich zu verlieren und sich schließlich nur noch an anderen zu orientieren – ohne eine eigene Meinung.
Alleinsein fördert die Auseinandersetzung mit sich selbst, das In-sich-hinein-Hören. Wichtige persönliche Entscheidungen sollten übrigens immer so getroffen werden – was natürlich vorhergehende Auseinandersetzungen mit anderen nicht ausschließt.

Mit sich selbst zu Rate gehen

spiel lediglich seinen Klagen über Mitschüler anschließen, ohne ihm seine Möglichkeiten in der Gemeinschaft aufzuzeigen, unterstützen Sie soziale Isolation. Zeigen Sie Interesse an Freunden Ihres Kindes – daran, was sie unternehmen, was ihnen wichtig ist.
● Begleiten Sie Ihr Kind in schwierigen Zeiten, etwa wenn Freundschaften auseinander zu gehen drohen, und steuern Sie gegen, wenn Ihr Kind dazu neigt, sich stark zu isolieren.
● Bestärken Sie Ihr Kind auch in sozialem Verhalten. Zu Freundschaften gehören auch Fähigkeiten, etwa die, sich entschuldigen zu können: Wie sage ich, dass mir etwas Leid tut? Wie kann eine Erklärung aussehen? Bringe ich ein kleines Versöhnungsgeschenk mit?

Freunde – auch in schlechten Tagen

● Um das Alleinsein zu üben, wie es hier verstanden wird, müssen Sie Ihr Kind natürlich nicht in sein Zimmer verbannen oder gar einsperren. Sie können ihm zum Beispiel den Vorschlag machen, vor dem Zu-Bett-Gehen eine gewisse Zeit – anfangs vielleicht etwa 10 Minuten, später mehr – allein zu verbringen.
● Wichtig ist dabei, dass es nicht zu viel Ablenkung gibt. Wie soll man sich mit seinen eigenen Gedanken beschäftigen, wenn der Fernseher läuft, die Stereoanlage brüllt oder Computerspiele gespielt werden?

PRAXIS
So fördern Sie die soziale Kompetenz

Ideen, die das Denken frei lassen

• Geben Sie Ihrem Kind ruhig Tipps für Beschäftigungen, die den Gedankenfluss nicht behindern: leise, angenehme – vielleicht klassische – Musik hören, spazieren gehen, es sich auf der Couch oder in einer Hängematte gemütlich machen, ein Buch lesen oder anschauen, Fotoalben betrachten, Poesiealbum oder Briefe schreiben, Bilder malen, Skulpturen formen, bauen und basteln … Es gibt viele wunderbare Tätigkeiten, die auch allein großen Spaß machen.

Einmal ein ganz anderer sein: Ein Spiel, das das Lachen viel leichter macht.

Humor macht das Leben leichter

Normalerweise verfallen Kinder selbst immer wieder auf alberne Spiele, zum Beispiel Wasser- und Kissenschlachten, einander kitzeln oder sich über Versprecher und Wortwitze schlapplachen … Helfen Sie Ihrem Kind, mit Humor Schmerz und Unwohlsein zu verringern und ihn als soziale Fähigkeit zu nutzen.

Heute schon gelacht?

• Richten Sie in Ihrer Familie eine Witzezeit ein, in der Witze und lustige Geschichten erzählt werden oder lustige Bilder gemalt werden. Gemeinsames Lachen baut Stress ab und bringt Menschen einander näher.
• Sie können auch Werte und Toleranz mit dem entsprechenden Humor vermitteln: Zeigen Sie Ihrem Kind so, dass es neben feindseligem, verletzendem Humor auch eine Form gibt, die hilft, Vorurteile abzubauen und zum Beispiel auf gemeinsame Schwächen hinzuweisen.
• Ermutigen Sie Ihr Kind, sich als Clown zu verkleiden, Clown zu spielen. So schlüpfen auch zurückhaltendere Kinder in eine andere Rolle – und können freier und extrovertierter handeln.

Umgangsformen

Psychologen raten dazu, Umgangsformen, also Höflichkeit und Respekt gegenüber anderen, in der Erziehung einen hohen Stellenwert einzuräumen. Das ist nicht nur für die Menschen angenehm, die mit Ihrem

PRAXIS
Spiele und Anregungen
87

Kind zu tun haben. Es nützt auch Ihrem Kind selbst: So ergab eine Analyse bei Kindern mit der Diagnose Entwicklungs- und Verhaltensstörungen, dass 50 Prozent davon auf schlechtes Benehmen, das Nichteinhalten von Regeln und antisoziales Verhalten zurückgingen. Seit Jahrzehnten zeigen auch Untersuchungen über schulischen Erfolg, dass Schüler bessere Ergebnisse erzielen, wenn sie von ihren Lehrern aufgrund guten Benehmens mehr geschätzt werden als Schüler mit schlechtem Benehmen.

Höflichkeit als Norm

● Sie können Ihren Kindern gute Umgangsformen beibringen, indem Sie sie erwarten. Dulden Sie unter keinen Umständen respektloses, unhöfliches oder unverschämtes Verhalten. Dulden Sie keine Ausnahmen!

● Leben Sie Ihrem Kind Höflichkeit und Respekt in der Familie vor. Wenn »bitte«, »danke« und ein angenehmer Umgangston bei Ihnen zum Alltag gehören, fällt es Ihrem Kind gar nicht schwer, ebenso zu agieren.

Der Mensch – im Grunde ein Herdentier

Versuchen Sie, Ihrem Kind zu vermitteln, wie wichtig die Gemeinschaft für alle ist. Wir sind einfach die meiste Zeit mit anderen zusammen und müssen mit verschiedenen zwischenmenschlichen Situationen und Problemen zurechtkommen.

● Nehmen Sie Papier und Stift. Sammeln Sie mit Ihrem Kind Aktivitäten, die es in der Gruppe unternimmt: Zeit in der Schule, Ausflüge, viele Sportarten, Kurse, Urlaub und vieles mehr. Überlegen Sie auch gemeinsam mit Ihrem Kind, warum wir die Gemeinschaft brauchen und welches Verhalten sich in der Gruppe am besten bewährt und am erfolgreichsten ist.

Wofür wir andere brauchen

> **TIPP!**
> ### Neidlose Anerkennung
> Es ist nicht ganz leicht, neidlos Leistungen oder Taten anderer zu würdigen und anzuerkennen. Besonders schwer fällt eine solche Geste, wenn man selbst der Unterlegene ist. Wenn es aber gelingt, sind wir oft überrascht, wie positiv die Wirkung ist. Wir bekommen ein Lächeln, wir machen jemanden stolz, vielleicht sogar glücklich, und wir erhalten im Gegenzug oft ebenfalls Komplimente und Anerkennung.
>
> Üben Sie mit Ihrem Kind, die Leistungen anderer anzuerkennen und zu loben. Die positive Wirkung wird helfen, Neid und Missgunst abzubauen, und es auch anderen leichter machen, Ihr Kind zu loben und seine Leistungen anzuerkennen.

Verträglichkeit – das rechte Maß entscheidet

Verträglichkeit ist zwar an sich eine sehr erwünschte soziale Eigenschaft. Sie hat aber zwei Seiten (siehe auch Seite 22 und 34) und kann – im Übermaß – für verträgliche Menschen selbst durchaus auch nachteilig sein.

Eine Eigenschaft mit Für und Wider

Wer sehr verträglich ist, gilt zwar normalerweise als beliebt wegen seines kooperativen, verständnisvollen und hilfsbereiten Verhaltens. Andererseits fehlt sehr verträglichen Menschen oft eine gesunde Skepsis und ein Bewusstsein für die eigenen Belange. Es ist also nicht so, dass ein hoher Punktwert bei der Verträglichkeit ausschließlich positiv, ein geringer ausschließlich negativ zu sehen ist. Beide Seiten der Verträglichkeit bergen Positives und weniger Positives in sich. Deshalb wollen wir hier nicht einfach Fördertipps zu verträglicherem Verhalten geben.
Die beiden extremen Pole der Verträglichkeit könnte man vielleicht so bezeichnen: Auf der einen Seite steht der »stets liebe, selbstlose Mensch«, auf der anderen der »streitbare, misstrauische Skeptiker«. Im Leben und nicht zuletzt in der Berufswelt wird sicher jeder von beiden in manchen Bereichen besser zurechtkommen (siehe auch Seite 36).

So unterstützen Sie Ihr Kind

Man unterscheidet bei der sozialen Verträglichkeit mehrere Aspekte. Folgende sollten Sie angemessen fördern.

Balanceakt Diplomatie

Vermitteln Sie Ihrem Kind die Grundzüge von Diplomatie. Als »diplomatisch« bezeichnen wir es, wenn man Konflikte friedlich und zum Wohle aller löst. Dabei zählen Kompromissbereitschaft und Verständnis für andere.
● Sprechen Sie mit Ihrem Kind über politische und sonstige Konflikte und fragen Sie nach seiner Meinung. Falls es zu radikale oder einseitige Lösungen vorschlägt, diskutieren Sie diese. Sie sollten gemeinsam zu einer theoretischen Lösung finden, mit der alle leben können.

Sich selbst nicht völlig vergessen

Hart oder soft: Beides kann klappen

Lehren Sie Ihr Kind Diplomatie

PRAXIS
So unterstützen Sie Ihr Kind   89

Nehmen Sie Ihrem Kind die Angst vor der Vielfalt: Toleranz und Offenheit braucht es für die Zukunft.

Konflikte lösen, nicht verschärfen

● Übertragen Sie diese Art der Konfliktlösung auch auf alltägliche Probleme und Streitereien. Denken Sie immer wieder gemeinsam nach: Welcher Kompromiss wäre denkbar, der allen Beteiligten entspricht?

Interkulturelle Begegnung

Wir alle kennen Schwierigkeiten und Tücken bei der Verständigung mit Menschen, die eine andere Sprache sprechen oder aus einem fremden Kulturkreis stammen. Ihre Sitten und Gebräuche kommen uns manchmal seltsam vor, und wir verstehen vieles nicht. Die Frage ist nun: Wie reagieren wir auf diesen Umstand? Für ein gutes und erfolgreiches interkulturelles Verhalten sind einige Regeln wichtig. Diese lassen sich, wenn man keine ausländischen Nachbarn oder Freunde hat, gut im Rollenspiel üben. Folgende Punkte werden Ihrem Kind jetzt und später bei der Begegnung mit anderen Kulturen gute Dienste leisten:

● Man muss fähig sein, den eigenen kulturellen Bezugsrahmen gedanklich zu verlassen und sein eigenes Verhalten anzupassen (siehe Rollenspiele auf Seite 84).

● Es ist gut, über ein möglichst großes Verhaltensrepertoire zu verfügen. Spielerisch können Sie Ihr Kind zum Beispiel mit anderen Begrüßungsritualen oder fremden Essgewohnheiten und Tischsitten vertraut machen – sei es mit Hilfe von Geschichten, Büchern oder Spielen.

Zu Tisch – aber bitte mit Stil

Verträglichkeit – das rechte Maß entscheidet

Gewohntes mit fremdem Blick betrachten

- Um sich in einer fremden Kultur gut zurechtzufinden, muss man sich bewusst darüber sein, dass man selbst auch einer bestimmten Kultur mit gewissen Sitten und Gebräuchen angehört. Und dass diese auf Menschen anderer Kulturen ebenso fremd wirken können.
- Vermeiden Sie eine so genannte »ethnozentrische« Sichtweise, die in ihrer extremen Ausprägung lediglich aus Vorurteilen besteht. Vermitteln Sie Ihrem Kind also keine gängigen Klischees über bestimmte Bevölkerungsgruppen, sondern erklären Sie ihm möglichst oft, wie diese entstehen können – und wie wenig wahr sie in der Regel sind.
- Wichtig ist die Offenheit gegenüber der Begegnung mit der anderen Kultur.
- Es ist gut, wenn Ihr Kind über eine gewisse innere Stabilität verfügt und in der Lage ist, eventuelle Widersprüche auszuhalten.

Hilfsbereitschaft

Vom Leben lernen

Ein sehr positives Merkmal verträglicher Menschen ist die Hilfsbereitschaft. Kinder haben meist ein gutes Gespür für Situationen, in denen Hilfe gebraucht wird.
- Sie können dieses Gespür fördern, indem Sie Ihr Kind auch an Orte mitnehmen, die eine Diskussion in Gang bringen. Das

können etwa Besuche in Behinderteneinrichtungen, Tierheimen oder auch Urlaubsreisen in wirtschaftlich ärmere Länder sein.
- Schildern Sie Ihrem Kind aber auch Situationen und Projekte aus aller Welt, die Hilfsbereitschaft benötigen, und überlegen Sie gemeinsam mit Ihrem Kind, wie diese Hilfe aussehen könnte.

Verträgliche Kinder kümmern sich auch mal um die traurigen Spielgefährten.

Teamgeist

Gute Teamspieler brauchen vor allem Kompromissbereitschaft, Vertrauen und den Glauben an die Fähigkeiten der anderen.
- Sie können bei Ihrem Kind die Teamfähigkeit fördern, indem Sie Projekte wie zum Beispiel einen Ausflug gemeinsam planen. Ein Team aus drei bis vier Leuten muss nun Aufgaben gerecht und angemessen verteilen, um am Ende das Ziel zu erreichen: einen schönen, erlebnisreichen, also gut organisierten Ausflug erleben.

Harmoniebedürfnis und Nachgiebigkeit

Eine Stärke verträglicher Menschen ist es, nicht auf ihrer Meinung, ihrem Standpunkt, ihrem Vorschlag oder ihren Interessen bestehen zu müssen – und so die Harmonie in der Familie oder Gruppe zu erhalten.

● Fördern Sie bei Ihrem Kind ein gewisses Feingefühl dafür, wann man für seinen Standpunkt unnachgiebig eintreten muss – und wann es besser ist, kooperativ zu sein. Eine Spielidee: Seien Sie einfach mal scheinbar unnachgiebig in allem. Absolut keine Kompromisse möglich? Ihr Kind wird sicher schnell merken, wie unangenehm eine solche »Sturheit« auf andere wirkt.

Spiel mit dem stoßenden »Bock«

Raus aus dem Mittelpunkt

Keiner mag Menschen, deren Welt sich stets nur um sie selbst zu drehen scheint: immer zuerst, immer das meiste, immer im Mittelpunkt. Schildert man ihnen eigene Sorgen, sie haben gewiss größere. Zeigt man ihnen stolz das neue Fahrrad, sie haben ein größeres und schöneres. Sie sind immer zu sehen und zu hören, und ständig ziehen sie »eine Show« ab. Gleich kommen uns Berufe in den Sinn, wo diese Eigenschaften vielleicht gerade zum Erfolg führen – aber auch eine Menge Situationen, wo wir uns die Zurückhaltung eines verträglichen Menschen herbeisehnen.

● Sie fördern diese bei Ihrem Kind, indem Sie ihm zeigen, dass Menschen verschiedene Standpunkte haben, die gelegentlich nicht übereinstimmen. Oft gibt es dafür eine Lösung, mit der alle leben können. Ein verträglicher Mensch wird versuchen, den Kompromiss zu finden – und ab und an auch den eigenen Anspruch zurückstellen.

Allzu »wichtige« Leute mag keiner

Vertrauen in die guten Absichten anderer

Während Misstrauen uns eher lustlos macht, kann ein in uns gesetztes Vertrauen sehr motivierend wirken. Verträgliche Menschen schaffen oft eine beflügelnde Atmosphäre, weil sie an die Fähigkeiten und guten Absichten anderer glauben. Manchmal ist zwar auch ein gesundes Misstrauen hilfreich (siehe Seite 34), aber grundsätzlich ist im Umgang mit anderen Menschen eine wohlwollende und positive Einstellung erfolgreicher.

● Zeigen Sie Ihrem Kind im Alltag immer wieder, wie positiv es wirkt, wenn man hört: »Ich glaube an dich! Du schaffst das!«

● Sie können das Vertrauen Ihres Kindes in andere Menschen

Das Beste erwarten, aber achtsam bleiben

PRAXIS

Verträglichkeit – das rechte Maß entscheidet

Spielend Vertrauen entwickeln außerdem auch fördern, indem Sie ihm in kleinen Rollenspielen zeigen, wie sehr es beflügelt, wenn uns jemand Vertrauen entgegen bringt.

Einen guten Mittelweg finden

Sich selbst ab und an zurücknehmen zu können ist schön – aber es muss auch Grenzen haben. Darauf sollten Sie deshalb bei Ihrem Kind auch achten.

Wann soll man helfen – und wann nicht?

Jeder Spender weiß, dass nicht alle, die um Hilfe bitten, sie wirklich brauchen oder verdienen. Sehr verträgliche Menschen neigen dazu, allen zu glauben.
● Schärfen Sie das Urteilsvermögen Ihres Kindes in dieser Hinsicht, indem Sie sich – im Beisein Ihres Kindes – öfter genau erklären lassen, warum man hier oder da helfen sollte.

Selbstlosigkeit kontra gesunder Egoismus?

Zu hilfsbereit sein – geht das? Wenn wir jemanden als »selbstlos« bezeichnen, ist das in der Regel ein großes Kompliment. Er oder sie hilft Bedürftigen, ohne sich selbst allzu wichtig zu nehmen. Die andere Seite der Selbstlosigkeit ist die Selbstausbeutung: Wer sich gar nicht mehr für eigene Belange einsetzt und keine Grenzen zieht, droht auch seine Leistungsfähigkeit zu verlieren. Dieses Phänomen nennt man deshalb auch Burn-out-Syndrom. Sehr verträgliche Menschen sind davon am ehesten gefährdet.
● Fördern Sie bei Ihrem Kind auch den Blick für die eigene Person, indem Sie zum einen Ihr Kind selbst wichtig nehmen (Wie geht es dir? Was möchtest du? Was brauchst du?).
● Zum anderen sollten Sie Ihr Kind ermutigen, sich diese Fragen irgendwann selbst zu stellen. Man darf nicht vergessen: Je besser es einem selbst geht, umso besser kann man anderen helfen.

Allein und sicher unterwegs: Dafür brauchen Kinder auch etwas Skepsis und Vorsicht.

Gesunde Skepsis

Es ehrt jemanden zwar, wenn er anderen Menschen konsequent gute Absichten unterstellt. Aber jeder weiß, dass das leider nicht immer tatsächlich der Fall ist.
● Eine Möglichkeit, den Blick für die wahren Absichten eines Menschen bei Ihrem Kind zu schärfen, ist, sich Worte UND Taten der Menschen anzuschauen und miteinander zu vergleichen. Sie können dann zusammen mit Ihrem Kind beurteilen, ob beides zusammenpasst – oder ob die Worte leere Versprechen bleiben.

Gibt der Klügere wirklich immer nach?

Nachgiebigkeit: Dumm oder clever?

Stur auf seiner Meinung zu beharren, ist selten klug und geht anderen bald auf die Nerven. Immer nachzugeben ist sicher lieber gesehen, signalisiert aber den anderen, dass man eigentlich keine Meinung und keinen eigenen Standpunkt hat. Beide Extreme führen dazu, dass man nicht gleichzeitig als Gruppenmitglied anerkannt, aber auch als Individuum wahrgenommen wird.
● Fördern Sie das richtige Maß bei Ihrem Kind, indem Sie mit ihm über konkrete Konfliktsituationen sprechen und ihm sagen, was Sie getan hätten. Zeigen Sie ihm, dass es drei Möglichkeiten gibt, die alle in bestimmten Situationen richtig sein können: 1. nachgeben, 2. einen Kompromiss finden, 3. den eigenen Standpunkt nachdrücklich vertreten.

Es gibt immer mehrere Wege

Everybody's Darling

Wer möchte nicht beliebt sein, viele Freunde haben, oft eingeladen werden, immer dabei sein? Verträgliche Menschen gehören zweifellos zu den gern Gesehenen: Sie sind umgänglich, vertrauensvoll, hilfsbereit und lieben die Harmonie. Damit aber lustige Partygäste und nette Bekannte zu Freunden werden, braucht man auch eine Prise Skepsis und Urteilsvermögen.
Echte Freunde unterscheiden sich von allen anderen. Aber das erkennt man erst, wenn man sich etwas von dem Bedürfnis löst, es allen recht machen zu wollen, der Freund aller zu sein.
● Sie können bei Ihrem Kind die Fähigkeit zum Differenzieren fördern, indem Sie ab und an gemeinsam über alle Freunde und Bekannte nachdenken: Was macht die einzelnen Menschen so besonders? Wer ist da, wenn er gebraucht wird? Welche melden sich von selbst? Mit wem kannst du ganz offen reden? Wer redet ganz offen mit dir? Mit wem kann man gut streiten – und sich am Ende wieder vertragen?

So erkennt man wahre Freunde

Leistungsmotivation fördern: Lernen mit Lust

Motivation kann man eigentlich nicht mit irgendwelchen Tipps und Übungen einfach so fördern wie andere Eigenschaften oder Anlagen. Die Motivation hängt sehr stark von der Art der Tätigkeit ab, für die ein Mensch begeistert werden soll. Deshalb kommt es an dieser Stelle darauf an, ganz genau die individuellen Auslöser zu finden, die auf ein Kind motivierend wirken. Das können zum Beispiel ganz bestimmte Situationen, motivierende Worte, gewisse Verhaltensmuster oder Beschäftigungen sein.

Den richtigen »Treibstoff« finden

Die Suche nach dem inneren »Motor«

● Fahnden Sie nach den Bereichen, in denen Ihr Kind von ganz allein motiviert ist. Wenn es Ihnen gelingt, die Gründe für den Lerneifer auf diesen Gebieten herauszufinden, so lässt sich der vielleicht auf andere Situationen übertragen, etwa auf Schulisches oder auf Talente.
● Suchen Sie auch nach den Bereichen, in denen Ihr Kind überhaupt nicht motiviert ist. Sprechen Sie mit ihm darüber, warum das so ist und was sich ändern müsste. Vielleicht gelingt es Ihnen dann in Zukunft, bestimmte Situationen zu vermeiden, die die Motivation hemmen.

Wichtig: Ursachenforschung

Soll man Druck machen?

Wie reagiert Ihr Kind auf Druck von außen? Wirkt nachdrücklich Gesagtes, etwa: »Du setzt dich jetzt hin und lernst, sonst siehst du den Rest der Woche nicht mehr fern«? Oder lernt Ihr Kind motivierter, wenn es mehr sich selbst überlassen wird, vielleicht mit Worten wie: »Du machst das schon, mein Schatz!«? Was wirkt besser? Und welches war bisher Ihre persönliche Vorgehensweise?
● Experimentieren Sie mit verschiedenen Möglichkeiten – stellen Sie fest, wie Sie die Motivation Ihres Kindes steigern können.

Jedes Kind reagiert auf eine andere Losung

Idole und Vorbilder

● Versuchen Sie zu ergründen, welche Personen – Freunde, Verwandte oder vielleicht auch Fernsehhelden – den größten Einfluss auf die Motivation Ihres Kindes haben. Worauf ist das zurückzuführen? Wieso wirken gerade diese Schlüsselfiguren?

PRAXIS
Spielerisch motiviert
95

Was einen Star zum Star macht

- Reden Sie mit Ihrem Kind darüber, warum es sich von manchen Personen zu etwas bewegen lässt, von anderen aber gar nicht oder nur ungern.

Spickzettel anlegen

- Notieren Sie, wie Angebote und Aufgaben »verpackt« sein müssen, damit sie Ihr Kind ansprechen. Welcher Anreiz bringt Ihr Kind dazu, selbst Initiative zu entwickeln, sich in Bewegung zu setzen, aktiv zu werden?

Einen individuellen Rahmen finden

Die Motivation eines Menschen wird auch unterstützt, indem man seine Bedürfnisse respektiert sowie ehrliches Interesse an seiner Gefühlslage und seinen Tätigkeiten zeigt. Wenn Sie außerdem die individuellen Wünsche Ihres Kindes akzeptieren, immer wieder einmal das bereits Geleistete würdigen und eine gewisse Selbstbestimmung zulassen, steigert das bestimmt ebenfalls seine Lernlust.

Gehen Sie auf Ihr Kind ein

- Sprechen Sie sachlich mit Ihrem Kind darüber, was getan werden muss, und legen Sie dann gemeinsam einen Zeitraum dafür fest. Wichtig ist, dass Ihr Kind das Gefühl hat, diesen Termin selbst mitzubestimmen.

Übereinstimmung von Erwartung und Handlung

Psychologen zufolge sind Kinder weniger motiviert, wenn sich offensichtlich die Erwartungen und das Verhalten der Eltern widersprechen. Einerseits herrscht zum Beispiel der Wunsch: »Du musst es aufs Gymnasium schaffen!«, andererseits verbringt das Kind aber mehr Zeit vor dem Fernseher als mit Büchern – ohne dass die Eltern ernsthaft etwas dagegen unternehmen. Einerseits loben die Eltern überschwänglich Fähigkeiten ihres Kindes: »Sie schafft das, sie ist eine fantastische Rechnerin!«, andererseits kommt das Kind aber in der Schule über eine Drei in Mathe nicht hinaus.

Jedes Kind lernt anders, jedes mag andere Bedingungen und Inhalte. Knacken Sie den Lerncode Ihres Sprösslings!

Diese Diskrepanzen können nur zu Enttäuschung führen.

● Erwartungen bedeuten sehr wenig, wenn sie nicht durch einen Erziehungsstil gestützt werden, der hohen Wert aufs Lernen legt. Also: Achten Sie auf ein Gleichgewicht zwischen dem Ziel und dem, was wirklich getan wird, um es zu erreichen.

Lassen Sie Taten sprechen

Das bedeutet: Wenn Sie ernsthaft wollen, dass Ihr Kind erfolgreich ist, drücken Sie dies mit Ihren Worten und mit Taten aus. Sie möchten, dass Ihr Kind bessere Noten bekommt? Planen Sie gemeinsam konkrete Lernzeiten – und setzen Sie diese auch konsequent gemeinsam mit Ihrem Kind in die Tat um.

TIPP!

Motiviert Belohnung?

Belohnungssysteme sind in der Erziehung eine heikle Angelegenheit, weil sie oft unerwünschte Folgen haben und möglicherweise Abhängigkeiten nach sich ziehen. Denken Sie an Süßigkeiten, Fernsehen und Ähnliches, die durch ihre Funktion als Belohnung ungewollt aufgewertet werden. Und auf der anderen Seite werden tägliche, nützliche Arbeiten wie Aufräumen, Spülen, Staubsaugen, Waschen oder Bügeln zu etwas stilisiert, das wirklich nur mit einer Belohnung zu ertragen ist.

● Was sich nach Erfahrung vieler Eltern bewährt hat, sind kleine, sinnvolle, wohl dosierte Geschenke – oder auch immaterielle Belohnungen, etwa gemeinsame Unternehmungen. Am besten funktioniert es, wenn eine Belohnung über einen längeren Zeitraum angestrebt wird.

● Das kann so aussehen: Sie installieren ein durchsichtiges Plastikrohr, in das Tennisbälle oder Tischtennisbälle passen, und stellen es irgendwo gut sichtbar auf. Nun verabreden Sie mit Ihrem Kind, für welche Leistungen es einen Punkt – also einen Ball – bekommt. Immer, wenn zum Beispiel eine Stunde gut Klavier geübt wurde oder für die Schule gelernt wurde oder das Kind eine gute Idee in die Tat umgesetzt hat, wenn es eine gute Note bekommen hat, etwas repariert hat oder Ähnliches, dann wandert ein Ball in das Rohr.

● Ist eine vorher verabredete Anzahl von Bällen erreicht, darf sich Ihr Kind ein kleines Geschenk wünschen, einen Ausflug mit Ihnen unternehmen, ins Kino gehen oder Ähnliches.

● Ob Sie dabei nun die vorgeschlagene Röhre mit den Bällen, ein Heft mit Stempeln oder eine andere individuelle Version benutzen, ist natürlich völlig nebensächlich und ganz Ihrer Fantasie überlassen.

Das Lernen planen – und Pläne umsetzen

Wie Sie räumliches Denken unterstützen

Besitzt jemand ein gutes räumliches Vorstellungsvermögen, so verfügt er in der Regel über einen ausgezeichneten Orientierungssinn. Er verläuft sich selten. Er ist gut im Modellbauen, im perspektivischen Zeichnen und repariert technische Geräte. Vielleicht interessiert er sich auch für Innenarchitektur und das Planen von Häusern.
Hier ein paar Beispiele, wie Sie täglich ohne großen Aufwand das räumliche Vorstellungsvermögen Ihres Kindes fördern können.

Mit Perspektive denken

Planspiel für kleine Innenarchitekten

- Ermutigen Sie Ihr Kind, von seinem eigenen Zimmer einen Grundriss zu erstellen. Zunächst von oben – also als Draufsicht –, dann einige beliebige Seitenansichten. Es ist dabei wichtig, dass die Größenverhältnisse einigermaßen stimmig sind. Dazu können Sie zum Beispiel Millimeterpapier, Lineale und einen Meterstab zur Verfügung stellen. Helfen Sie, wenn nötig, beim Umrechnen, wenn zum Beispiel ein Meter im Zimmer zwei Zentimetern auf dem Papier entspricht.

Übung macht auch den Baumeister

- Die Einrichtungsgegenstände im Zimmer können einzeln ausgeschnitten werden. So lässt sich das Zimmer »am Modell« neu gestalten, und das Kind lernt, sich räumlich die Veränderungen vorzustellen. Vielleicht kommen sogar ganz neue Einrichtungsideen dabei heraus?

Schätz doch mal: Entfernungen beurteilen

Durch spielerisches Üben wird Ihr Kind sicherer im Schätzen von Entfernungen. Es lernt, mit Dreidimensionalität und gedachten Linien im Raum umzugehen. Diese Fähigkeit kann zum Beispiel in der Geometrie oder dem technischen Zeichnen sehr nützlich sein.

Spiele mit Ferne und Nähe

- Stellen Sie Ihrem Kind die Aufgabe, Entfernungen zu schätzen. Wie weit ist es von zu Hause bis zur Schule, von einem Haus zum nächsten oder auch von der Tischkante bis zum Fenster oder zum Stuhl?
- Machen Sie ein Spiel daraus, die geschätzten Entfernungen mit dem Lineal, dem Meterstab oder eventuell auch per Autotacho zu überprüfen.

PRAXIS
Wie Sie räumliches Denken unterstützen

Navigator

Mit den folgenden Spielen schulen Sie Orientierungssinn und räumliche Vorstellung.

Kleine Tourenplaner helfen
- Lassen Sie die nächste größere Autofahrt oder Fahrradtour von Ihrem Kind mit dem Atlas planen und es auch während der Fahrt navigieren.
- Ihr Kind darf versuchen, bei Wanderungen und Spaziergängen den Rückweg zu finden. Helfen Sie ihm dabei, sich markante Punkte in der Landschaft zu merken, und erklären Sie ihm vielleicht auch den Umgang mit einem Kompass. Details wie Sonnenstand und Schatten können ebenfalls eine Hilfe sein.

Blindflug

Hier geht es um die Fähigkeit, sich ein gedankliches Bild von Räumen zu machen und sich darin zu orientieren. Regelmäßige Übung trainiert dieses räumliche Vorstellungsvermögen.

Kunststoffflaschen verwenden, keine aus Glas
- Familienmitglieder verbinden sich abwechselnd die Augen. Die »Sehenden« denken sich Aufgaben für die »Blinden« aus, zum Beispiel: »Geh in die Küche, hole eine Flasche Wasser aus dem Kühlschrank und bring sie ins Wohnzimmer.« Der Schwierigkeitsgrad lässt sich natürlich beliebig steigern.

Eine Reise durchs Weltall

- Gibt es eine Sternwarte in Ihrer Nähe? Besuchen Sie sie und erfahren Sie Neues und Ungeahntes über das Weltall, seinen Ursprung, seine Dimensionen.
- Machen Sie mit Ihrem Kind eine Reise durch das Weltall, indem Sie die Größenverhältnisse am Beispiel darstellen, zum Beispiel Entfernungen der Planeten zur Sonne, Größenverhältnisse der Planeten, Entfernung unse-

Mit verbundenen Augen unterwegs – so schult man das räumliche Vorstellungsvermögen.

PRAXIS

Zeichnen und entwerfen

res Sonnensystems zu anderen Sternen und mehr. In Jugendbüchern zur Astronomie finden sich immer wieder anschauliche Beispiele zu den Entfernungen und Größenverhältnissen, etwa zwischen Sonne und Erde (Apfel und Stecknadelkopf) oder Erde und Mond.

Kleine Bilder für unvorstellbar Großes finden

- Es gibt auch wunderbar geeignete Software, mit deren Hilfe man sich eindrucksvoll durch unser Sonnensystem und darüber hinaus bewegen kann.

Die Frage der Woche

- Stellen Sie einmal pro Woche eine Frage zu Architektur, Optik, Astronomie oder Geografie, die Ihr Kind beantworten darf. Hier ein paar zum Einstieg: Warum laufen die Eisenbahnschienen scheinbar zusammen, je weiter man in die Ferne blickt? Ist das Weltall unendlich oder nicht? Wenn nicht, wie sieht das Ende aus, und was kommt dahinter? Versuche dir vorzustellen, dass du der erste Mensch bist, der eine Landkarte zeichnet. Wie stellst du das an?

Spielen wie die Weltentdecker

Stadt- und Gartenplanung

Hier geht es um Proportionen und Perspektiven:
- Planen Sie mit Ihrem Kind einen Stadtteil oder einen Garten. Dabei kann gezeichnet oder gebastelt, mit Lego-Steinen oder Bauklötzen gebaut werden. Räumliches Vorstellungsvermögen ist dabei sehr wichtig, zum Beispiel beim Vorausplanen von Baumgrößen, beim Schattenwurf von Gebäuden und bei der Vorstellung, wie der Garten oder der Stadtteil dann von den Bewohnern wirklich gesehen werden.

Technisches Zeichnen

- Versuchen Sie, Elemente des technischen Zeichnens spielerisch in die normalen Zeichen- und Malstunden Ihres Kindes einzubauen: einen Würfel dreidimensional zeichnen, später dann ein Haus und komplexere Gebilde. Zeigen Sie, dass ein Haus, dessen Flächen parallel sind, sich für den Betrachter nach hinten verjüngt und dass sich auch das gesamte Blickfeld des Betrachters von einem Punkt am Horizont aus konstruieren lässt. Die Ergebnisse auf dem Papier sind verblüffend.

Erstaunliche Zeichenexperimente

Baumeister

Auf natürliche Weise und ohne besondere Vorgaben lässt sich das räumliche Vorstellungsvermögen beim Bauen mit verschiedenen Materialien schulen.
- Regen Sie an, verschiedenste Gebäude und Geräte zu bauen,

PRAXIS

Wie Sie räumliches Denken unterstützen

Hält das? Türme bauen, gestalterische Ideen umsetzen – das ist Lernen mit viel Freude.

zum Beispiel Schiffe und Flugzeuge, Hochhäuser und Wohnblocks. Der Fantasie sind dabei keine Grenzen gesetzt. Benutzen Sie dafür die verschiedensten Materialien wie Holzklötze, Legosteine, Bausätze, aber auch Sand, Pappmaché oder Gips. Natürlich soll der Ideenreichtum nicht gebremst werden, aber es gibt für Fahrzeuge wie für Gebäude bestimmte Aspekte, auf die man achten sollte: Wenn ein Gebäude zu schmal und zu hoch ist, fällt es leicht um, wenn es zu breit ist, haben viele Räume kein Licht, ist es zu flach, benötigt es sehr viel Platz. Wenn ein Auto zu schmal ist, fällt es in jeder Kurve um, wenn es zu breit ist, kommt es in keine Einfahrt, wenn es zu lang ist, wird jede Kurve zum unüberwindbaren Hindernis. Diese Dinge erfährt man am besten, indem man ausprobiert und alles anschließend optimiert.

Computer

Auch der Computer bietet Möglichkeiten, das räumliche Vorstellungsvermögen zu schulen.
● Ausgewählte 3-D-Spiele und -Programme zeigen teilweise fantastische Raumwelten, aber auch Routenplaner und Satellitenaufnahmen können, mit bestimmten Aufgaben verbunden, räumliches Vorstellungsvermögen trainieren. Wenn Sie Computerspiele schenken, können Sie neben dem Spaß auch – sozusagen als erwünschte Nebenwirkung – auf den Trainingseffekt im räumlichen Denken achten.

Computerreise durch Raum und Zeit

> **TIPP!**
> **Räumliche Spiele**
>
> Hier einige Spieltipps:
> ● Alle dreidimensionalen Spiele und Bausätze, bei denen gestapelt, konstruiert und gebaut werden muss (zum Beispiel »Raummühle« oder »Villa Paletti«)
> ● Dreidimensionale Puzzles
> ● Schachteln und andere räumliche Körper aus Papier bauen
> ● Aus Stoff Kleidung nähen oder heften, die auch passt, zum Beispiel für den Fasching
> ● Origami (Papierfaltspiele)

Einfach klar: Logisches Denken leicht gemacht

Logisches, mathematisches Denken ist nicht nur selbstverständlicher Bestandteil des Schulunterrichts, sondern begleitet uns auch im Alltag. Möchten Sie das logische Denken Ihres Kindes fördern, lassen Sie es mit Zahlen hantieren, planen, experimentieren, bewusst nachdenken und die richtigen Schlüsse ziehen. Hier ein paar Beispiele, wie Sie dabei helfen können.

Knobel-Leserei

Rätselraten schwarz auf weiß

- In vielen Heften und Büchern finden Sie zahlreiche knifflige Rätsel und Aufgaben (einige Tipps siehe Anhang, Seite 122). Viele sind optisch hervorragend aufbereitet, so dass das Knobeln richtig Spaß macht – da bietet sich ein Wettbewerb in der Familie oder im Freundeskreis an.

Das Denk-Labor

- Experimente helfen, ein Phänomen mit allen Sinnen zu erfassen. Mehrere Sinne werden angesprochen, was das Lernen leichter macht (Tipps zu Büchern mit zahlreichen Experimenten siehe Anhang, Seite 122).

Sparsamkeit und Logiktraining beim Einkaufen

Untersuchungen zeigen, dass Familien, die mit genauen Listen einkaufen, gegenüber Spontankäufern bis zu 25 Prozent sparen.

Gelerntes im Alltag umsetzen

- Sie können die Möglichkeit nutzen, Ihrem Kind einmal pro Woche das Einkaufen zu übertragen. Am Anfang steht ein geplantes Mittagsgericht: Ihr Kind bekommt einen von Ihnen festgesetzten Betrag und darf nun Zutaten einkaufen, bezogen auf die Anzahl der Familienmitglieder. Reicht das Geld nicht, muss eine Zutat reduziert oder billiger eingekauft werden. Bleibt etwas übrig, gibt es vielleicht noch einen Nachtisch.

Spiele

Spielen Sie gern? Einige Spiele wie Schach, Mühle, Dame oder Mastermind fördern und trainieren das logische Denken und das Gedächtnis sehr gut.

Spielerische Rituale entwickeln

- Führen Sie doch einmal pro Woche einen Spieleabend ein. Mal gibt es ein Schachturnier, ein anderes Mal einen Mühle-Wettstreit oder ein Dame-Finale.

PRAXIS

Einfach klar: Logisches Denken leicht gemacht

Die Frage der Woche

Naturwissenschaften sind eine unerschöpfliche Quelle von interessanten Themen und Fragen.
● Stellen Sie einmal pro Woche eine naturwissenschaftliche Frage, die Ihr Kind beantworten darf. Beispiele: Warum gibt es einen Regenbogen? Warum wird der Ton tiefer, wenn ein Krankenwagen an uns vorbeirauscht? Was ist eine Schallmauer? Warum scheinen manche Sterne zu blinken? Wohin zeigt ein Lot und warum? Wie erklärst du dir, dass es viele ähnliche antike Pyramiden über die ganze Welt verteilt gibt, obwohl die Menschen damals weit voneinander entfernt lebten (Internet-Tipps dazu finden Sie im Anhang auf Seite 122)?

Fragen, die Antworten brauchen

Ihr Kind darf auch im Internet nach Lösungen suchen. Und wenn Sie selbst nach neuen Fragen suchen: Es gibt sehr viele gut gemachte Bücher und Nachschlagewerke, die Ihnen Hilfestellung und Anschauungsmaterial bieten.

Informationen beschaffen lernen

Fernsehen, aber richtig

● Das Fernsehen bietet gerade für naturwissenschaftlich und mathematisch interessierte Kinder viele anregende Sendungen. Im Internet (Adressen siehe Seite 122) finden Sie genaue Informationen zu Fernsehsendungen für Kinder zwischen 3 und 13 Jahren mit einer Fülle von Orientierungshilfen zum aktuellen Fernsehprogramm und medienpädagogisches Knowhow rund ums Fernsehen.

Computer oder Fernseher: Der Umgang mit Medien ist für Kinder heute wichtiger als jemals zuvor.

PRAXIS
Lernen mit Medien

> **TIPP!**
> ### Frisch vom Kiosk: Krafttraining für die grauen Zellen
> Es gibt regelmäßig erscheinende Zeitschriften und andere Publikationen, die mit witzigen und raffinierten Logikaufgaben gefüllt sind. Lassen Sie sich beraten und probieren Sie einige mit Ihrem Kind aus. Sicher wird es bald seine ganz persönlichen Favoriten haben.

Lernen am Computer? Logisch!

Sowohl die Beschäftigung mit dem Computer, zum Beispiel beim Einrichten und Installieren, als auch die Anwendung schulen das logische Denken.
- Wenn Ihr Kind dafür zu begeistern ist, organisieren Sie doch in seinem Freundeskreis kleine Kurse im Programmieren, in Computeranimation, Computergrafik oder um gemeinsam eine eigene Homepage zu erstellen.

Naturwissenschaften

Die Auseinandersetzung mit Naturwissenschaften fördert das logische Denken.
- Achten Sie auf Schulprojekte und Kurse, die an Ihrer Schule angeboten werden.
- Lassen Sie Ihr Kind an naturwissenschaftlich orientierten Ferienprogrammen teilnehmen.

Viele Möglichkeiten nutzen

- Vermitteln Sie auch im Alltag eine Begeisterung für die Phänomene, die uns umgeben, wie Wetter, Schwerkraft, Beschleunigung, Elektrizität oder Magnetismus.

Schülerwettbewerbe

- Vielleicht können Sie Ihr Kind für die Teinahme an Schülerwettbewerben in Mathematik oder Physik gewinnen (Adressen siehe Seite 123). Es gibt tolle Preise und die Gelegenheit, interessante Menschen kennen zu lernen.

Auch den Vergleich suchen

Was passiert, wenn ...

Wir wissen natürlich alle, dass Phänomene meist mehrere Ursachen haben und alles in einem komplexen Zusammenhang steht, aber auf einer einfacheren Verständnisebene ist es möglich, bestimmte Ursachen und Wirkungen einander zuzuordnen.
- Machen Sie mit Ihrem Kind Ursache-Wirkung-Übungen. Bauen Sie Fragen in Ihren Alltag ein wie: Was passiert bei einer Luftfeuchtigkeit von 100 Prozent? Ertrinken wir dann? Warum fallen wir nach vorn, wenn das Auto bremst (Internet-Tipps siehe Seite 122)? Solche Fragen regen zum Nachdenken an – auch darüber, wo die Lösung zu finden ist: in Büchern, im Internet oder bei einem Lehrer.

Alltagsrätsel aufgelöst

Wenn Reden Gold ist: Sprachliche Fähigkeiten

Viel sprechen, lesen, schreiben

Hier ein paar Beispiele, wie Sie die Sprache Ihres Kindes fördern bzw. das sprachliche Talent entwickeln können. Drei Dinge sind dabei besonders wichtig: regelmäßiges – anspruchsvolles – Lesen, gepflegtes Sprechen und selbstständiges Schreiben.

Auf in ein gemeinsames Lese-Abenteuer

Lesen ist eine Fähigkeit, die Sie bei Ihrem Kind unbedingt pflegen und gezielt fördern sollten.
● Falls Ihr Kind lesefaul sein sollte: Besorgen Sie Theaterstücke und Drehbücher (etwa Reclam-Hefte mit Klassikern) und lesen Sie sie zusammen mit Ihrem Kind als Rollenspiel. So befindet man sich mitten im Abenteuer!

Lesen: Wie es euch gefällt!

Auch krumme Wege führen zum Lese-Ziel

● Fragen Sie Ihr Kind auch immer wieder, was es denn gern lesen würde. Einer der Autoren dieses Buches war höchst überrascht, als seine 6-jährige Tochter ein Kochbuch lesen wollte: Sie fand es einfach amüsant, die Zutatenlisten zu lesen und sich das Zusammenmanschen und -panschen aller aufgeführten Lebensmittel vorzustellen.

Zeitungsleser von morgen brauchen Antworten

Auch Tages- und Wochenzeitungen üben bereits eine gewisse Anziehungskraft auf Kinder aus.
● Vor allem durch Bilder werden Kinder neugierig und wollen mehr über ein bestimmtes Thema wissen. Hier sollten aber Erwachsene dabei sein, um die Bilder zu erklären. Als einer der Autoren mit seinem 5-jährigen Sohn den »Spiegel« durchblätterte – worum

Wenn Kinder die Leselust packt, finden sie sicher bald den Weg ins Reich des Wissens und der Fantasie.

Das A und O: Lesen, schreiben, sprechen

Lesend durch die Welt

dieser ihn gebeten hatte –, kamen viele Fragen auf: »Warum tragen die Menschen so komische Kleidung? Warum kämpfen Menschen miteinander? Warum sind die Kinder so traurig?« Hauptsächlich findet bei dieser Art von Lesen eine Identifikation mit abgebildeten Kindern statt. Sich diese Lesewelt zu erschließen bedeutet, zu lernen, wie andere Menschen auf der ganzen Welt oder auch nur in einer anderen Stadt leben, wie es ihnen ergeht, ob sie hungern müssen oder auf der Flucht sind – und warum. Man kann die Gelegenheit auch nutzen, um über Menschen anderer Kulturen und Länder zu sprechen (siehe auch Seite 89), und so die Neugier auf Information und Bildung fördern. Die Kinder lernen dabei: Lesen macht klug, ist spannend und erschließt neue Welten.

Wie der Lese-Funke überspringt

Begeisterung entfachen – ganz nebenher

● Haben Sie Bücher über die alten Ägypter, Dinosaurier, das Weltall, die Ritter im Mittelalter, das Neueste aus Forschung und Technik, das Reich der wilden Tiere? Lassen Sie doch hin und wieder eines davon ganz »zufällig« im Zimmer Ihres Kindes herumliegen. Irgendwann springt garantiert der Funke über.

Literarische Nachrichten

Mit folgendem Tipp wird nicht nur das Schreiben geübt, sondern ganz nebenher noch Literatur auf der Suche nach geistreichen Sprüchen gewälzt.

● Vereinbaren Sie mit Ihrem Kind, dass es eine bestimmte Anzahl von Briefen oder E-Mails – vielleicht 3 oder 5 – pro Woche schreibt. Diese sollen Zitate aus anspruchsvollen literarischen Werken enthalten. Diese Nachrichten gehen an Verwandte oder Freunde. Vielleicht führt es zu einer geistreichen Kettenreaktion, falls jemand diese Idee aufgreift.

Post mit hohem Anspruch

Beschreibung

● Lassen Sie Ihr Kind mit verbundenen Augen bestimmte Gegenstände ertasten und beschreiben. Inszenieren Sie es als Familienspiel – dann kann es dabei auch sehr lustig zugehen.

Gedichte

● Äußern Sie vor Ihrem nächsten Geburtstag oder ähnlichen Anlässen den Wunsch, dass Ihr Kind statt eines vom Taschengeld gekauften Geschenkes ein selbst verfasstes Gedicht schenkt. Fast alle Kinder dichten und reimen gern – und sicher haben auch Sie Ihre Freude daran.

- Auch so manche Wünsche der Kinder werden vielleicht wohlwollender entgegengenommen, wenn sie in Gedichtform vorgetragen werden, etwa so:

Nette Abwechslung: Kinderverse

*Eine CD so wunderschön
will ich mit euch kaufen gehen.
Und auch ihr habt was davon:
einen lieben braven Sohn.
Kommt, Ihr zwei!
 Fasst euch ein Herz,
sonst muss ich sparen –
 bis zum März!*

Mach dir doch einen Reim drauf!

- Lassen Sie Ihr Kind nach Lust und Laune reimen. Fangen Sie an, machen Sie mit, lachen Sie mit. Reime zu finden fordert den gesamten Wortschatz heraus und hilft, ihn lebendig zu halten und zu vergrößern. Reimen ist außerdem ein hervorragender Zeitvertreib auf langen Autofahrten oder in Warteschlangen.

Geschichtenketten bilden

Kurzweiliges für unterwegs

Und auch so können Sie sich und Ihrem Kind lange Autofahrten verkürzen – und dabei den sprachlichen Ausdruck, Sprachkreativität und Fantasie Ihres Kindes herausfordern:
- Einer fängt an, eine Geschichte zu erzählen – nur zwei oder drei Sätze. Dann gibt er das Wort an den Nächsten weiter. Dieser führt die Geschichte ebenfalls mit zwei bis drei Sätzen fort, und so weiter.

Urkomisch: Einander Witze erzählen

Einen Witz gut zu erzählen ist eine Kunst. Hier fördern Sie hauptsächlich die Betonung in der Sprache, die Dramatik und Spannung und die Unterscheidung zwischen wichtigen und weniger wichtigen Details.
- Machen Sie mit Ihrem Kind regelmäßige Witz-Termine. Jeder weiß sicher einen oder mehrere Witze und darf sie erzählen.

Humor miteinander teilen

Wortspiele

- Spielen Sie mit Ihrem Kind Scrabble oder Letraset. Es ist eine der besten Arten, den Wortschatz zu vergrößern und zu pflegen. Wenn Ihr Kind sich dafür begeistert, können Sie es auch mit Kreuzworträtseln versuchen.

Familienspruch der Woche

- Begeistern Sie Ihr Kind dafür, für jede Woche des Jahres ein Motto, einen Sinnspruch, ein berühmtes Zitat oder eine schöne Weisheit auszusuchen und auf ein Blatt Papier aufzuschreiben. Vielleicht möchte Ihr Kind das

PRAXIS
Spiele und Ideen rund um die Sprache

Ganze noch mit einem passenden Foto oder einer Illustration ergänzen? Hängen Sie den Spruchkalender dann irgendwo gut sichtbar für alle auf. Jede Woche dient nun ein anderer Spruch zur geistigen Erbauung. Stellen Sie Ihrem Kind zur Spruch-Suche Ihre Literatur zur Verfügung.

Ein ganz besonderer Kalender

»Hier bei Müller!« Nachwuchs fürs Call-Center

● Lassen Sie Ihr Kind Telefonate entgegennehmen und den Anrufbeantworter besprechen. Bei den Telefonaten sind natürlich beste Manieren wichtig. Beim Besprechen des Anrufbeantworters kommt es auf deutliche Sprache, Vollständigkeit und Originalität an. Das Kind darf sich selbst Texte ausdenken, mit bestimmten Vorgaben natürlich – die Anrufer müssen zumindest wissen, wo sie gelandet sind.

Schreiben

Jede Gelegenheit nutzen

Für das Schreiben begeistern sich nicht alle Kinder gleichermaßen. Aber im Leben jedes Kindes gibt es einige gute Anlässe, etwas zu schreiben, in Poesiealben, ins Tagebuch, bei Einladungen – per Hand und selbstverständlich auch am Computer.
● Bei den ersten Versuchen sollten Sie dabei sein, vielleicht selbst einen Teil – nach Diktat – schreiben, um den Einstieg zu erleichtern. Kindern in der ersten und zweiten Klasse bereitet das Schreiben noch recht viel Mühe.

Erfüllter Traum: Ein eigenes Buch

Schon im Alter von sechs Jahren können Kinder beginnen, eigene »Bücher« zu schreiben. Natürlich mit den Mitteln, die ihnen zur Verfügung stehen.

Auch richtig telefonieren will gelernt sein: Kinder haben meist keine Scheu vor moderner Kommunikation.

- Anfangs werden das hauptsächlich (Klebe-)Bilder-Reihen mit Unterschrift sein. Aber sie können bereits Geschichten erzählen. Später werden die Bücher mehr und mehr Worte und Sätze enthalten, bis daraus vielleicht einmal ein echter Roman wird.

Fremdwörter

Mit diesen Tipps fördern Sie zum einen ein Gefühl für Fremdsprachen im Alltag, zum anderen erweitern Sie ständig den Wortschatz Ihres Kindes.

In fremden Sprachen zu Hause sein

- Ersetzen Sie bewusst Wörter und Aussagen, die Ihr Kind gut kennt und die oft verwendet werden, durch Fremdwörter oder übersetzen sie einfach in andere Sprachen, zum Beispiel *Good night, sleep well, come along, bonjour, merci, très bien…* Sie können auch hin und wieder in die Alltagssprache ungewohnte neue Worte bringen, etwa »Lasst uns dinieren, Kinder!« statt »Lasst uns essen, Kinder!«.

You're welcome

Hier fördern Sie Fremdsprachen und interkulturelles Lernen.
- Wann immer es möglich ist, laden Sie fremdsprachige Kinder ein. Lassen Sie sie »Schüleraustausch« spielen: Einer muss die Sprache des anderen verstehen.

Was für ein Theater!

- Im Theater wird in der Regel gehobene Sprache gesprochen. Ein Theaterbesuch wird daher immer Sprache anregen und fördern. Im Anschluss können Sie sich das Stück von Ihrem Kind noch einmal nacherzählen lassen – vielleicht kann es sogar noch einiges wörtlich zitieren?

Kultur macht Kindern Spaß

Immer wieder nachschlagen…

- Halten Sie zu Hause immer Konversationslexika bereit, um auftauchende Begriffe nachzuschlagen. Suchen Sie auch regelmäßig Bibliotheken mit Ihrem Kind auf. Es ist wichtig, dass Bücher und Bibliotheken schon in jungen Jahren zu einem vertrauten Teil des Lebens werden. Ermutigen Sie Ihr Kind auch, sich zu Hause eine eigene kleine Bibliothek aufzubauen.

Wettbewerbe und Kurse

- Regen Sie Ihr Kind an, an Lese- und Schreibwettbewerben teilzunehmen.
- Auch Ferienprojekte mit den Schwerpunkten Sprache, Literatur und Dichtkunst sowie Fremdsprachenkurse für Kinder fördern das sprachliche Ausdrucksvermögen Ihres Kindes.

Ferienzeit ist auch Lesezeit

Immer vorwärts: Sportliche Fähigkeiten üben

Sport hat viele Funktionen. Er hält gesund, ist eine Möglichkeit der Freizeitgestaltung, bietet Gelegenheit zu Kontakten, ermöglicht das soziale Lernen in einer Gruppe, und man kann dabei bis an die Grenzen seiner Leistungsfähigkeit wachsen. Man unterscheidet zwischen Gesundheits-, Breiten-, Leistungs- und Hochleistungssport.

Je nach Zielsetzung gibt es sehr viele unterschiedliche Möglichkeiten, sich sportlich zu betätigen, angefangen von bestimmten Bewegungsabläufen und Betätigungen im Alltag bis hin zum olympischen Wettkampf. Hier finden Sie einige Vorschläge, wie Sie die körperliche Entwicklung und sportliche Förderung in den Alltag integrieren können.

Treppauf, treppab ...

Sich der Bequemlichkeit hinzugeben wird schnell zur Gewohnheit. Begeistern Sie Ihr Kind dafür, den eigenen Körper einzusetzen, sich an seiner Beweglichkeit zu freuen. Fördern Sie die Lust an der freiwilligen Anstrengung.
● Nutzen Sie Treppen statt Rolltreppen und Aufzügen.

Sportlicher Ehrgeiz: Wohin soll es gehen?

In Bewegung – Tag für Tag

Ob zu Hause oder unterwegs: Bewegung macht zusammen doppelt Spaß!

Immer vorwärts: Sportliche Fähigkeiten üben

Aus eigenem Antrieb ...

Aus eigener Kraft vorankommen

- Ermuntern Sie Ihr Kind, sich aus eigener Kraft fortzubewegen: Rad-, Roller- und Skateboardfahren oder Inlineskaten bringen Ihr Kind in Schwung. Überlegen Sie grundsätzlich immer, ob auf das Autofahren verzichtet werden kann.

Raus ins Grüne!

- Sorgen Sie mindestens zwei- bis dreimal pro Woche dafür, dass der Nachmittag nicht vor dem Fernseher oder Computer verbracht wird, sondern draußen beim Fußball, Federball, Skaten oder einer anderen Sportart. Wichtig für die Kondition ist dabei, dass richtig geschwitzt wird.
- Nutzen Sie mit Ihrem Kind zusammen auch die Möglichkeiten öffentlicher Parks und Anlagen: Klettergerüst, Kletterwände, Bolzplätze, Tischtennisplatten oder Trimm-Dich-Pfade. Die Krönung sind natürlich anspruchsvolle Ausflüge wie Bergtouren mit der ganzen Familie.

Sportliche Freundschaften

Freunde, die mitziehen

- Unterstützen Sie Freundschaften zu sportlich aktiven Gleichaltrigen, mit denen Ihr Kind sich messen kann. In Teams und Clubs eingebunden zu sein garantiert am ehesten regelmäßiges Training. Auch Wettkämpfe motivieren dazu, sich zu fordern und anzustrengen.

Ein Blick in den Verein

- Fragen Sie in Sportvereinen nach Schnupperterminen für die verschiedenen Sportarten, nach Kursangeboten und sonstigen Fördermöglichkeiten.

Sportabzeichen

Glänzend: Am Ziel winkt Gold

- Lassen Sie Ihr Kind verschiedene Sportabzeichen machen: im Turnen, in der Leichtathletik, im Schwimmen und vielen anderen Sportarten. Ein Abzeichen zu erringen ist immer Motivation!

Sportveranstaltungen

- Besuchen Sie mit Ihrem Kind Sportveranstaltungen. Es müssen nicht immer absolute »Highlights« sein, aber es sollten auch welche dabei sein, bei denen Ihr Kind echte Profis bewundern kann: Kaum etwas motiviert so sehr wie ein leuchtendes Vorbild.

Schwimmen

- Gehen Sie mit Ihren Kindern möglichst oft schwimmen. Es ist eine der schonendsten, gesündesten und günstigsten Sportarten.

PRAXIS
Sport und Spiel im Alltag

Außerdem kann man dabei mit der ganzen Familie aktiv werden. Es gibt immer mehr so genannte Erlebnisbäder, in denen man ganze Tage verbringen kann.

Zirkus-Kunst

Manege frei für kleine Akrobaten

- Wenn Sie sportlich versierte Kinder haben, probieren Sie reizvolle akrobatische Kombinationen oder das Jonglieren aus – wie im Zirkus! Das bringt Körperbeherrschung und Spaß.

Sportliches Vorbild sein

- Sehr wichtig für die Motivation der Kinder zum Sport sind Vorbilder. Das sind zuallererst die Eltern. Vermitteln Sie Ihrem Kind Freude am Sport durch eigene Aktivität. Sie müssen dafür keine Sportskanone mit eigenem Raum für Pokale sein. Es genügen regelmäßige sportliche Ausflüge, ob in einen Freizeitpark zum Trampolinspringen, zum Bergwandern oder zum Baden.

Eine runde Sache: Der Ball

Bleiben Sie am Ball

- Ballspiele fördern die Körperkoordination. Betreiben Sie wenigstens eine Ballspielart regelmäßig zusammen mit Ihrem Kind, vielleicht Tennis, Fußball, Handball, Tischtennis, Volleyball oder Badminton.

Abenteuer-Spielplatz

- Gibt es in der Nähe Sandgruben, Wald oder Ähnliches? Unwegsames Gelände schult Gleichgewichtssinn, Körperkoordination und Orientierung – und kann sehr spannend sein.

Körperbewusstsein

Vermitteln Sie Ihrem Kind ein gutes Körperbewusstsein:
- Ihr Kind sollte regelmäßig einen Blick in den (Ganzkörper-)Spiegel werfen und sich fragen: Sehe ich sportlich aus? Bin ich zu dick? Ist meine Haltung gut?
- Achten Sie auf die Ernährung.
- Geben Sie einander Rückmeldung, wie Sie nach außen wirken.
- Massieren Sie sich gegenseitig.

Wohltat für Körper und Seele: Massagen und liebevolle Streicheleinheiten.

PRAXIS

Messer, Zange, Stift: Praktisches Geschick

Eine oft zu Unrecht unterschätzte Fähigkeit ist das handwerkliche Geschick, das für viele – auch akademische – Berufe wichtig ist (siehe auch Seite 59). Ob Chirurg oder Zahntechniker, Schneider, Tischler oder Krankenschwester: Sie alle brauchen manuelle Geschicklichkeit. Hier ein paar Tipps, wie Sie die Feinmotorik Ihres Kindes fördern können.

Alltägliches

Die täglichen Handgriffe im und um das Haus fordern und fördern praktische Fähigkeiten.

Bei alltäglichen Arbeiten mitzumachen wie die Großen – das bereitet allen Kindern Freude.

● Lassen Sie Ihr Kind teilhaben an: Kochen, Bügeln, Waschen, Plätzchen ausstechen, Teig kneten, Auto polieren, Scharniere ölen, Glühbirne wechseln, Pflanzen aussetzen, Unkraut jäten, Knöpfe annähen, Batterien auswechseln, Teigtaschen füllen, Schuhe putzen, die Spülmaschine so ein- und ausräumen, dass nichts kaputtgeht, Kartoffeln schälen und Löcher zugipsen. Sicher fallen Ihnen noch zahlreiche andere Tätigkeiten ein, die gemeinsam mehr Spaß machen.

Vielfalt ist Trumpf – für jeden was dabei

Umgang mit Werkzeug

Der Mensch lernt ein Leben lang, aber Kinder lernen am besten und schnellsten. Üben Sie deshalb auch den Umgang mit Hammer, Säge, Zange und Feile mit Ihrem Kind. Später wird es wie selbstverständlich damit umgehen. Besitzt es obendrein Talent, kann sich daraus ein erfolgreicher Beruf entwickeln.
● Suchen Sie sich am besten ein bestimmtes Projekt – etwa den Bau eines Drachens, eines Möbelstücks oder eines Sportgerätes – und realisieren Sie es gemeinsam mit Ihrem Kind.

Das bleibt auch später wichtig

Nagelbrett

Die Übung ist verblüffend einfach, schult aber das praktische Geschick sehr gut (zumindest, sobald der Daumen verheilt ist).
● Bauen Sie ein einfaches Nagelbrett und lassen Sie Ihr Kind Nägel einschlagen.

Reparatur-Werkstatt

● Versuchen Sie, Ihr Kind einzubeziehen, wenn Reparaturen anstehen – zum Beispiel am Fahrrad, am Walkman oder an einem Haushaltsgerät. Lassen Sie Ihr Kind selbst schrauben, biegen, stecken und kleben. Es könnte zum Beispiel auch einen zerbrochenen Krug wieder fein säuberlich zusammenkleben. Und »Reparaturarbeiten« wie das Strümpfestopfen wollen ebenso gelernt sein.

Besser als neu: Selbst repariert

Unterwegs als Geologe

● Machen Sie sich mit Hammer und Pickel auf die Suche nach Mineralien in der Nähe oder an einem ausgewiesenen Fundort. Wertvolles wird mit größter Vorsicht aus dem Stein geklopft.

Sei ein Bildhauer!

● Geben Sie bei Ihrem Kind eine Skulptur in Auftrag. Sie könnte aus einem Material gefertigt werden, das längere Zeit hält, denn die Skulptur wird einen Ehrenplatz in der Wohnung oder im Garten bekommen. Nun kann entweder mit Ton gearbeitet werden oder aber mit Holz, Ytong oder Stein. Unterschiedliche Werkzeuge werden gebraucht, um die verschiedenen Materialien zu bearbeiten.

Kunst fürs Elternhaus

Grüße vom Mars!

● Bauen Sie mit Ihrem Kind zusammen die erste Marskolonie. Was wird dazu gebraucht? Lesen Sie gemeinsam über den Mars. Die Raumstation beginnt natürlich in einer großen Kiste mit rotem Sand. Aber wie sehen die Gebäude aus? Wie die Fahrzeuge und die Raumtransporter? Was tragen die Menschen? Gibt es einen Mars-Tennisplatz (roter Sand!)? Welches Material eignet sich am besten? Wird geklebt oder geschraubt?

Allerlei Bastelei

● Das Basteln bietet schier unbegrenzte Möglichkeiten: Puppen, Figuren, Landschaften, Städte, Geschirr, Dosen, Bilderrahmen, Schmuckstücke, Windlichter, Leuchter, Weihnachtsdekorationen – die Themen und Materialien sind unerschöpflich.

Grenzenloses Terrain für Fantasie

Im Reich der Töne und Noten: Musikalität

Musik hören und selbst musizieren

Wenn Sie die musikalischen Fähigkeiten Ihres Kindes fördern möchten, dann ist vor allem zweierlei wichtig: Ihr Kind muss häufig Musik hören, und es soll möglichst oft selbst musizieren. Hier ein paar Beispiele, wie das im Alltag aussehen kann.

Eine lustige Autofahrt

● Singen Sie mit Ihrer Familie auf Autofahrten – und zwar im Kanon. Bereiten Sie dafür vor der nächsten Autofahrt etwas vor. Suchen Sie einfache – und auch kompliziertere – Stücke aus, kopieren Sie diese und verteilen Sie sie an alle – außer an den Fahrer natürlich.

Gute Schule für ein feines Gehör

Ganz genau hinhören

● Versuchen Sie zusammen mit Ihrem Kind, Instrumente aus einem Musikstück herauszuhören. Was spielt da mit? Wie viele könnten es sein? Welche Instrumente spielen die höchsten, welche die tiefsten Töne? Welche der Instrumente findest du ganz besonders schön? Welche magst du nicht so gern?

Musikalische Diskussion

● Legen Sie doch mal in einer freien Stunde nacheinander verschiedene CDs ein. Welche Musik hört Ihr Kind am liebsten? Und warum? Spielen Sie Stücke verschiedener Musikrichtungen ab. Kann Ihr Kind sie unterscheiden? Die körperliche Wahrnehmung ist für Kinder besonders wichtig. Fragen Sie danach, was Ihr Kind bei dieser oder jener Musik körperlich empfindet. Diskutieren Sie mit Ihrem Kind über Musik. Warum findet es diese Musik schön, die andere weniger, warum die eine traurig, die andere lustig? Lassen Sie Ihr Kind sich einfach zur Musik bewegen.

Gesprächsstoff: Was Töne bewirken

Im Rhythmus bleiben

Auch hierfür genügt ein Radio, ein Kassettenrekorder oder ein CD-Player. Versuchen Sie, Ihr Kind regelmäßig für die folgende Übung zu begeistern.
● Sie wählen nacheinander fünf rhythmisch verschiedene Stücke aus. Ihr Kind soll versuchen, sie mitzutrommeln – das geht auf der Tischplatte oder einer leeren Dose. Zuerst trommelt es wäh-

PRAXIS
Spielen nach Noten

Immer im Takt bleiben
rend der Musik – dann auch weiter, wenn das Stück zu Ende ist. Kann Ihr Kind den Rhythmus länger beibehalten?

Stimmungen filmreif inszeniert

• Wenn Sie Musikinstrumente, gleich welcher Art, zu Hause haben, können Sie zusammen mit Ihren Kindern versuchen, Ereignisse durch Musik auszudrücken. Wie hört sich ein Gewitter an? Wie Sturm oder Regen? Auch Stimmungen kann man mit Musik darstellen: Wie klingen Ärger, Wut, Liebe oder Trauer? Ihr Kind kann sich dabei vorstellen, ein berühmter Komponist zu sein, der einen Film vertont.
• Eine Fortsetzung der musikalischen »Stimmungen« ist das vollständige Ausgestalten einer gespielten Geschichte mit Musik. Das können Gedichte, Märchen, Geschichten sein, die auf Kassette aufgenommen werden.

Konzerte

Von Rock bis Oper ist alles erlaubt
Auch passiv kann Musikalität gefördert werden, nämlich durch niveauvolles Hören, am besten gemeinsam mit anderen. Kaum etwas kann so für Musik begeistern wie der Besuch guter Live-Konzerte. Ob dies nun klassische Konzerte, Popkonzerte, Opern oder Musicals sind, ist nicht entscheidend. Am besten sollte alles einmal ausprobiert werden.
• Halten Sie Ausschau nach Schulkonzerten, nach Konzerten oder Musicals von Jugendgruppen in Ihrer Nähe. Es muss nicht gleich das Staatstheater sein.

Musik machen

Wenn Sie spüren, dass Ihr Kind einen Draht zur Musik hat, versuchen Sie, es für musikalische Aktivitäten zu begeistern.
• Gemeinsames Singen in der Familie gehört dazu. Gibt es einen Jugendchor, ein Jugendorchester, eine Musicalgruppe in Ihrer Umgebung? Können Sie zu Hause Musik machen? Wenn Sie selbst bereits ein Instrument

Ein Instrument spielen zu können ist für kleine und große Musiker eine ganz besondere Gabe.

Im Reich der Töne und Noten: Musikalität

spielen, wäre das natürlich ideal, es geht aber auch ohne:

Musikalische Improvisationen

● Sie suchen sich zusammen mit Ihrem Kind ein paar Blechdosen, Hölzer, Kübel und sonstige klingende Gegenstände und eröffnen eine Rhythmusgruppe. Wenn Sie ein bisschen geübt haben, können Sie mit Ihrem Kind zusammen beginnen, Musikstücke aus dem Radio oder von der CD rhythmisch zu ergänzen.

Ein Konzert in Glas

● Wählen Sie ein bekanntes Kinderlied aus. Ihr Kind darf nun Trinkgläser so mit Wasser füllen, dass die Töne dieser Melodie entstehen, wenn die Gläser mit einem Löffel angeschlagen werden. Geübtere Musiker können auch kompliziertere Stücke spielen, vielleicht sogar mehrstimmig.

Ein Musikinstrument spielen lernen

● Lassen Sie Ihr Kind nach Möglichkeit ein Instrument lernen – in einer Musikschule oder zu Hause mit einem privaten Lehrer. Besonders günstig ist es für die musikalische Entwicklung, wenn Musikinstrumente jederzeit verfügbar sind.

Chor und Orchester

● Ermutigen Sie Ihr Kind, in einem Chor mitzusingen, vielleicht im Schul- oder Kirchenchor. Hier schult es laufend das Gehör und trainiert die Stimmbänder. Sollte Ihr Kind bereits ein Instrument einigermaßen beherrschen, wäre auch ein Jugendorchester interessant. Hier werden besonders Präzision, Sicherheit und rhythmische Disziplin gefördert.

Singen und Musizieren im »großen Rahmen«

Für Fortgeschrittene: Selbst komponieren

● Fragen Sie Ihr Kind, ob es nicht Lust hätte, sich selbst Musik auszudenken. Der erste »Auftrag« könnte ein Geburtstagslied für ein Familienmitglied oder einen Freund sein – vielleicht sogar mit selbst geschriebenen Noten?

Klingende Gläser: Solche Spiele faszinieren und begeistern Kinder.

Kreativität fördern – die Fantasie beflügeln

Kreativität kann sich im Malen, Schreiben, Tanzen, Sprechen, Schauspielern, Bauen oder Spielen ausdrücken. Und auch später ist sie bei den meisten Tätigkeiten und Berufen gefragt (siehe Seite 66). Ermutigen Sie Ihr Kind, seine Ideen auf verschiedene Art auszudrücken. Respektieren Sie, auf welche Weise Ihr Kind dies tut. Außerdem braucht jedes Kind Raum und Zeit, um seine Ideen umzusetzen.
Hier ein paar Beispiele, wie Sie die Kreativität Ihres Kindes zusätzlich fördern können.

Der Vorstellungskraft Raum lassen

Langeweile – muss das denn sein?

Kinder brauchen ab und an auch Langeweile! Denn nur aus dieser freien, entspannten, ziellosen Zeit heraus haben sie die Möglichkeit, ihre eigenen Fantasien zu entwickeln und zu verwirklichen. Völlig verplante Kinder haben keine Möglichkeit, ihr Kreativitätspotential auszuschöpfen.
● Geben Sie Ihrem Kind regelmäßig Gelegenheit, unverplante, »leere« Zeit zu vertrödeln und allein zu verbringen (siehe auch Seite 85).

Originelle Einladungen und Dekorationen

● Ermutigen Sie Ihr Kind, Einladungen und Dekorationen zu Festen, Geburtstags- und Familienfeiern selbst zu gestalten. Lassen Sie auch etwas »ausgeflipptere« Entwürfe zu.

Kleidung und Wohnaccessoires designen

● Bitten Sie Ihr Kind um Hilfe beim Verschönern und Gestalten von Tischwäsche, Briefpapier, Wänden oder T-Shirts.

Mach doch mal Pause: In »leeren« Stunden hat die Fantasie mehr Platz.

PRAXIS

Kreativität fördern – die Fantasie beflügeln

Spielraum

- Achten Sie beim Einkauf von Spielzeugen schon darauf, welche kreativen Möglichkeiten sie bieten: Geben Sie grundsätzlich mehrdeutigen Spielsachen oder Baukästen den Vorzug vor eindeutigen. Mehrdeutig heißt: Das Spielzeug besteht nicht aus fertigen Geräten oder Figuren, sondern aus Bausätzen, möglichst kleinen Bauteilen, die auf unterschiedlichste Art zu unendlich vielen Möglichkeiten zusammengesetzt werden können.

Mehr als eine Möglichkeit zulassen

Gemeinsam wunderbare Luftschlösser bauen

Nicht vergessen: Gemeinsam träumen und sich von den Schwingen der Fantasie tragen lassen.

- Legen Sie sich mit Ihrem Kind ins Gras und betrachten Sie Wolkenbilder. Was sehen Sie? Kaninchen, Drachen und Schlösser? Mit etwas Fantasie kommen hierbei die originellsten und verrücktesten Assoziationen heraus.

Die Berufung jedes Kindes: Spielen

- Beim Spielen entwickeln Kinder ihre Fähigkeit, zu entdecken und zu gestalten, ständig weiter. Ob allein oder zusammen mit anderen Kindern: Sie sollten möglichst oft Gelegenheit haben, ungehindert ihren Spieltrieb auszuleben – schließlich ist er der Motor ihrer Kreativität.

Simsalabim: Ein Karton wird zum Haus

- Aus großen Kartons von Fernsehern oder Waschmaschinen lassen sich tolle Behausungen bauen. Welche fallen Ihrem Kind ein?

Einfach mal in eine andere Rolle schlüpfen

- Stellen Sie aus alten Kleidern und Gegenständen eine Requisitenkammer zusammen. Lassen Sie Ihr Kind immer wieder in andere Rollen schlüpfen. Bei solchen Spielen entstehen unter Umständen eigene Charaktere mit individuellen Verhaltensweisen und eigener Sprache. Ermutigen Sie Ihr Kind zum freien Improvisieren.

Das Leben als Theaterstück

Kreative Spiele und Anregungen

Dann mal los

- Stellen Sie Ihrem Kind große Bögen Papier – zum Beispiel Tapete – sowie Farben, Pinsel, einen Arbeitskittel und Abdeckfolien zur Verfügung. Und warten Sie ab, was passiert.

Oh, was für ein Geschenk!

Ein besonderer Anlass steht vor der Tür, zum Beispiel Weihnachten oder ein Geburtstag. Und wie immer: Ein Geschenk muss her! Möglichst originell und genau auf den Empfänger abgestimmt … und leider ist das Taschengeld auch schon wieder vollständig aufgebraucht. Was tun?
- Lassen Sie Ihr Kind überlegen, was man alles schenken kann, ohne Geld auszugeben. Sie werden überrascht sein, wie viele Möglichkeiten es gibt.

Leere Kassen kitzeln die Fantasie

Bauen, Formen, Kreieren – hier gestaltet Ihr Kind

Besonders viel Kreativität entwickelt sich in der Natur.
- Gehen Sie mit Ihrem Kind möglichst oft nach draußen. Lassen Sie es die vielen Materialien, Aussichten und Düfte bewusst erleben und wahrnehmen. Zweige, Äste, Moos, Blumen und Gras, Steine und Wasser eignen sich wunderbar als Baumaterial. Kinder haben meist sofort Ideen, was sie damit bauen könnten: ein Baumhaus, eine Hütte aus Ästen auf dem Waldboden, Pfeil und Bogen, ein Windrad, ein Wasserrad, eine Burg aus Steinen und vieles mehr.

Einfache Mittel und findige Baumeister

Innenarchitektur aus kleinster Hand

Wie würde Ihr Kind Ihr Haus oder Ihre Wohnung gestalten?
- Bitten Sie es, einen Plan von Ihrer neu eingerichteten Wohnung zu erstellen, mit möglichst exakten Zeichnungen. Lassen Sie sich die Funktionen und die Beweggründe für die Art der Einrichtung erklären. Vielleicht sind einige der Ideen so überzeugend, dass Sie sie sofort umsetzen?

Wenn Menschen Tiere wären – was wärst du?

Das macht Kindern Spaß – und Sie werden überrascht sein:
- »Stelle deine Familienmitglieder als Tiere dar!« Bei dieser Aufgabe ist Kreativität gefragt. Wie sehe ich meine Familie und mich selbst als Tiere und wie setze ich diese Vorstellung um? Sind es bestimmte Tiere oder Kreuzungen aus mehreren verschiedenen, vielleicht sogar richtige Fantasiewesen? Am leichtesten lassen sich diese Ideen mit Stiften und Farbe

Ein aufregender Zoo

Kreativität fördern – die Fantasie beflügeln

zu Papier bringen, noch kunstvoller wird es als Bastelei mit Ton oder Knetmasse oder im Winter in Schnee.

Eine Bildgeschichte mit Fotos oder Film

Eine Geschichte planen, sich Einstellungen ausdenken, witzige Kommentare erfinden – dazu braucht man Fantasie.
- Beauftragen Sie Ihr Kind, mit Fotos oder Video eine Geschichte darzustellen, etwa mit dem Titel: »Ein Tag in meinem Leben«. Wer weiß, vielleicht wird daraus eine ganze Familiengeschichte?

Videokunst von Newcomern

Lösungen finden: Probieren geht über Studieren

Wie man zu Lösungen von Mathematikaufgaben kommt oder von einem Ort zum anderen, wie man einen Garten anlegt oder die Wohnung einrichtet, wie man eine Landschaft malt oder sich anzieht: Für all das gibt es oft viel mehr Möglichkeiten, als wir denken. Fragen Sie Ihr Kind nach seinen Vorstellungen und beziehen Sie es mit ein. Das fördert kontinuierlich das kreative Denken.
- Ihr Kind darf ein Quadrat mit beliebiger Seitenlänge zeichnen. Wie oft kann man dieses Quadrat in vier exakt gleiche Teile teilen? Sie dürfen natürlich mitraten.

Lassen Sie Ihr Kind eine Weile ausprobieren und nachdenken, bevor Sie ihm sagen, dass das unendlich oft der Fall ist. An solchen Beispielen lernt Ihr Kind auch, dass es bei anderen Entscheidungen ebenfalls mehr Lösungen geben kann, als man auf den ersten Blick glaubt.

Grübeleien, die graue Zellen lieben

Große und kleine Entscheidungen

- Beziehen Sie Ihr Kind in Entscheidungen mit ein und lassen Sie sich auch mal von ihm beraten. Welche Hose passt zu dem Hemd? Wie könnten wir das Zimmer einrichten? Wie sollen wir den Tisch für unsere Gäste decken? Wie könnte man den Garten verschönern?

Bitte recht freundlich! Film und Foto faszinieren Kinder ganz besonders.

Zum Nachschlagen

Bücher, die weiterhelfen

Bücher für Eltern

Kinder, Talente, Tests

Bründel, H./Hurrelmann, K., *Einführung in die Kindheitsforschung*; Beltz-Verlag

Carl, K., *Talentsuche, Talentauswahl und Talentförderung*; Studienbrief der Trainerakademie Köln des Deutschen Sportbundes, Verlag Karl Hofmann

Charles, J., *Testen und getestet werden*; Verlag Hans Huber

Elschenbroich, D., *Weltwissen der Siebenjährigen*; Verlag Antje Kunstmann

Gardner, H., *Abschied vom IQ. Dem Denken auf der Spur. Der ungeschulte Kopf: Wie Kinder denken. Intelligenzen. Kreative Intelligenz* und *So genial wie Einstein*; alle Klett-Cotta

Gembris, H., *Grundlagen musikalischer Begabung und Entwicklung*; Wißner-Verlag

Goleman, D., *Emotionale Intelligenz*; dtv

Meissner, T., *Wunderkinder*; Verlag Ullstein

Shapiro, L. E., *EQ für Kinder*; Scherz Verlag

Von Krafft, T./Semke, Dr. E., *Der große Begabungstest*; moses. Verlag

Wittmann, M./Eisenkolb, A./Perleth, C., *Neue Intelligenztests*; Augustus-Verlag

Erziehung allgemein

Biddulph, S., *Das Geheimnis glücklicher Kinder. Jungen! Wie sie glücklich heranwachsen* und *Weitere Geheimnisse glücklicher Kinder*; alle Beust-Verlag

Einon, D., *Kreative Spiele, kreative Kinder*; Ullstein Verlag

Kolb, K./Miltner, F., *Leichter lernen mit Köpfchen und Spaß*; Gräfe und Unzer Verlag

Koneberg, L./Förder, G., *Kinesiologie für Kinder*; Gräfe und Unzer Verlag

Kunze, P./Salamander, C., *Die schönsten Rituale für Kinder* und *Kinder fördern im Alltag*; Gräfe und Unzer Verlag

Murphy-Witt, M./Stamer-Brandt, P., *Was Kinder für die Zukunft brauchen*; Gräfe und Unzer Verlag

Stamer-Brandt, P./Murphy-Witt, M., *Das Erziehungs-ABC: von Angst bis Zorn*; Gräfe und Unzer Verlag

Zimmermann, Dr. M., *Kinder spielerisch zur Ruhe führen*; Gräfe und Unzer Verlag

Interessantes zum Weiterlesen

Bischof, N., *Das Kraftfeld der Mythen*; Piper Verlag

Dalai Lama, *Der Mensch der Zukunft*; Scherz-Verlag

Dalai Lama, *Gewagte Denkwege*; Piper Verlag

Informative Broschüren und Reportagen

Bundesministerium für Bildung und Forschung, *Begabte Kinder finden und fördern*; BMBF Publik www.bmbf.de

Deutsches Kinderhilfswerk e. V. (Hrsg.), *Kinderreport Deutschland, Daten, Fakten, Hintergründe*; Kopaed Verlag www. kopaed.de

Zeitschriften und anderes

GEO Extra, *Das 21. Jahrhundert*; Gruner & Jahr

GEO Wissen, *Mensch und Kommunikation*; Gruner & Jahr

Jähnke, Edith, *Begabungsprofile von durchschnittlich und überdurchschnittlich begabten Kindern*; Magisterarbeit, Universität Bonn

Journal für Begabtenförderung, *Identifikation von Begabungen und Überspringen von Schulstufen und Jahrgangsklassen*; Studienverlag

Spektrum der Wissenschaft Spezial, *Intelligenz*; Spektrum der Wissenschaft Verlagsgesellschaft mbH

Bücher für Kinder

Klee Spiele GmbH, *Aha, so geht das!* (Experimentier-Reihe); Klee Spiele GmbH

Van Saan, A., *365 Experimente für jeden Tag*; moses. Verlag

Zeitschriften und Magazine

PM-Logik-Trainer (für Kinder ab 10) und *GEOlino*, das Kindermagazin der Zeitschrift *GEO*, erhältlich in jeder Buchhandlung und an den meisten Zeitungsständen

Links, die weiterhelfen

Zur Hochbegabung

www.lvh-bw.de
Landesverband Hochbegabung e. V.
Marienstraße 5
88348 Bad Saulgau

www.die-hochbegabung.de
Arbeitskreis Hochbegabung/Potenziale in der Sektion ABO im Berufsverband deutscher Psychologen (BDP)

www.dghk.de/hochbegabung.html
Deutsche Gesellschaft für das hochbegabte Kind e. V.

www.cjd-koenigswinter.de/hochbegabung/
Seite der CJD Jugenddorf-Christophorusschule Königswinter

www.elternforen.de/wbb2/index.php
Community für Eltern und Familien

www.bildung-und-begabung.de/
Arbeitskreis Begabungsforschung und Begabtenförderung e. V. Geschäftsstelle an der Universität Rostock

Hilfreiche Informationen für Eltern

www.flimmo.de
Programmübersicht und Hinweise zu guten, aber auch zu ungeeigneten Fernsehformaten für Kinder. Suche nach einzelnen Sendungen und Filmen möglich.

www.kidnet.de
Seite für Eltern und Kinder, enthält unter anderem verschiedene, immer wieder aktualisierte Informationen rund ums Lernen (Eselsbrücken, Prüfungsangst und anderes), Adressen und Links zu Familie und Erziehung. Gibt Infos und Tipps zum Lernen.

Internet-Tipps für Kinder

Antworten auf allerlei Fragen

www.wissen.de
Lexikon zu Begriffen, die man eingeben kann, Schulwissen, Länderlexikon, vermittelt Allgemeinwissen.

www.blinde-kuh.de
Suchmaschine speziell für Kinder, vermittelt Allgemeinwissen.

www.geolino.de
Ein Angebot der Zeitschrift *GEO* für Kinder und Jugendliche. Entsprechend Informationen, Aktivitäten, Angebote und ein Forum vor allem rund um politische, gesellschaftliche und wissenschaftliche Themen. Vermittelt Allgemeinwissen und fördert die soziale Kompetenz.

www.kinderlexikon.de
Interaktives Projekt: Schüler erstellen ein Lexikon für Kinder. Alphabetisch geordnete Begriffe aus allen Wissensbereichen von Kindern für Kinder anschaulich erklärt. Vermittelt Allgemeinwissen und fördert die soziale Kompetenz.

Spielerische Talentförderung

www.kidsville.de
Sehr vielseitiges Angebot, auch Sprachspiele und Wettbewerbe, außerdem viele andere Spiele und Informationen aus verschiedenen Interessengebieten; Spielerisches für mehrere Talentbereiche.

www.kindernetz.de
Eine Seite mit zahlreichen Hinweisen auf die wichtigsten Kindersendungen. Wissenslexikon zu allen möglichen wechselnden Themen und Begriffen. Es werden Medienberufe vorgestellt, enthält ein Forum für Kinder sowie Spiele zu vielen Talentbereichen (Malen, Geschicklichkeit, Sprachspiele und anderes); fördert das Sprachliche Talent und bietet Spielerisches für mehrere Talentbereiche.

www.kindersache.de
Informative Seite des Kinderhilfswerks, vor allem zu den Themen Politik und Kinderrechte. Außerdem Spiele (Sprach-, Geschicklichkeitsspiele, Memory und andere). Fördert die soziale Kompetenz und bietet Spielerisches für mehrere Talentbereiche.

Spiel und Spaß rund ums Kinder-Fernsehen und seine Helden

www.tivi.de
Seite des ZDF-Kinderfernsehens mit Informationen rund um bekannte Sendungen, von Siebenstein über Tabaluga und die Sendung mit der Maus bis Löwenzahn. Mit zahlreichen Spielen und Basteltipps; bietet Spielerisches für mehrere Talentbereiche.

www.kika.de
Tipps, Infos und Spielereien rund ums KIKA-Programm; bietet Spielerisches für mehrere Talentbereiche.

Adressen, die weiterhelfen

Schülerwettbewerbe

Jugend forscht, Schüler experimentieren
Jugend forscht e. V.
Baumwall 5
20459 Hamburg
www.jugend-forscht.de

Bundeswettbewerb Informatik
Wissenschaftszentrum
Postfach 20 14 48
53144 Bonn
www.bwinf.de

Wettbewerbe in den Naturwissenschaften

Auswahlwettbewerbe zur internationalen Biologie-, Chemie- und Physik-Olympiade (IPhO) sowie der **Bundes Umwelt Wettbewerb (BUW)**
Institut für die Pädagogik der Naturwissenschaften (IPN) an der Universität Kiel
Abteilung Biologiedidaktik
Olshausenstraße 62
24098 Kiel
www.ipn.uni-kiel.de

Landeswettbewerbe Chemie
Förderverein Chemie-Olympiade e. V.
Marbachstraße 3
81369 München

Bundeswettbewerb Mathematik und **Auswahlwettbewerb zur Internationalen Mathematik-Olympiade (IMO)**
Bildung und Begabung e. V.
Bundeswettbewerb Mathematik
Ahrstraße 45
53175 Bonn
www.bundeswettbewerb-mathematik.de

Wettbewerbe rund um Politik und Demokratie

Europa in der Schule – Europäischer Wettbewerb
Zentrum für Europäische Bildung
Bachstraße 32
53115 Bonn

Schülerwettbewerb zur politischen Bildung
Bundeszentrale für politische Bildung
Referat IV/2; Schülerwettbewerb
Berliner Freiheit 7
53111 Bonn

Schülerwettbewerb Deutsche Geschichte
Körber-Stiftung/Schülerwettbewerb
Kurt-A.-Körber-Chaussee 10
21033 Hamburg

Demokratisches Handeln – Ein Wettbewerb für Jugend und Schule
Friedrich-Schiller-Universität Jena, Institut für Erziehungswissenschaften
Löbstedter Straße 67
07749 Jena
www.demokratisch-handeln.de

Wettbewerbe Deutsch und Fremdsprachen

Bundeswettbewerb Fremdsprachen
Postfach 20 02 01
53132 Bonn
www.bundeswettbewerb-fremdsprachen.de

Vorlesewettbewerb des Börsenvereins des Deutschen Buchhandels e. V.
Börsenverein des Deutschen Buchhandels e. V.
Postfach 10 04 42
60004 Frankfurt
E-Mail: berchtold@bhv.de

Wettbewerbe Musik und Kunst

Bundeswettbewerb Jugend musiziert
Deutscher Musikrat, Bundesgeschäftsstelle Jugend musiziert
Trimburgstraße 2
81245 München
www.deutscher-musikrat.de/umu.htm

Bundeswettbewerb Schüler komponieren – Treffen junger Komponisten
Jeunesses Musicales Deutschland
Marktplatz 12
97990 Weikersheim
www.JeunessesMusicales.de

Schüler machen Lieder – Treffpunkt junge Musik-Szene, Schüler schreiben und:
Schüler machen Theater
Berliner Festspiele GmbH
Schaperstraße 24
10787 Berlin
www.berlinerfestspiele.de

Schüler machen Filme
Bundesweites Schülerfilm- und Videozentrum e. V.
Postfach 19 67
30019 Hannover
www.up-and-coming.de

Schülercamp und Ferienkurse

Abenteuer Lernen
1. Schülercamp
(findet alljährlich für Kinder von 6 bis 16 Jahren statt)
Kontakt: Jörg Löhr Erfolgstraining
Telefon: 08 21/3 46 54-66
www.schuelercamp.com
www.joerg-loehr.com

Deutsche Schülerakademie (DSA)
Godesberger Allee 90
53175 Bonn
www.deutsche-schuelerakademie.de

Begabungsanalyse und Beratung

Youngworld – Institut für Begabungsanalyse
Bundesweite Begabungsanalyse und Beratung
Kinder von 6 bis 12 Jahren, Jugendliche ab 15 Jahre
Loristraße 2
80335 München
Telefon: 0 89/18 97 02 17
Fax: 0 89/18 79 02 18
www.youngworld-institut.de

Adressen, die weiterhelfen

Adressen und Links in Österreich

Verein für hochbegabte Kinder
Andreas Maislinger
Hutterweg 6
6020 Innsbruck

Österreichischer Verein für hochbegabte Kinder
Dr. Roswitha Bergsmann
Rudolf Plebanstraße 15
3021 Preßbaum-Pfalzau

Österreichisches Zentrum für Begabtenförderung und Begabungsforschung
Makartkai 3
5020 Salzburg

Mensa Österreich
Postfach 502
1011 Wien
Mitglied von Mensa International, der weltweiten Vereinigung intelligenter Menschen
http://at.mensa.org/
http://www.austria.mensa.org

Adressen und Links in der Schweiz

Association Franco-Suisse pour les Enfants Surdoués
Fréderique D'Agostino
1041 Villars-Le-Terroir

Elternverein hochbegabter Kinder
www.ehk.ch

Stiftung für hochbegabte Kinder
Postfach 7612
8023 Zürich
www.hochbegabt.ch

Schweizerische Studienstiftung
Merkurstraße 45
8032 Zürich
www.studienstiftung.ch

Register

A
Allein sein 85, 117
Angeborene Fähigkeiten 8 f.
Auswertung der Begabungen 75
Auswertung der Persönlichkeitsmerkmale 70 ff.
Auswertung des Tests 67 ff.
Autofahrten 106, 114

B
Basteln 113
Begabung 8
Begabungsförderung 9 f.
Begabungsforschung 11 ff.
Begabungsprofil 68 f.
Begabungstest 21 ff.
Belohnung 39, 96
Beobachtung 22 ff.
Berufe 33, 36, 42, 46, 51, 56, 59, 63, 66, 88, 112
Bewegung im Alltag 109 f.
Bibliotheken 108
Briefe schreiben 105
Bücher 105, 108

C
Chor 116
Computer 100, 103, 107

D
Dichten 105 f.
Differenzielle Psychologie 11, 13
Diplomatie 88 f.

E
Egoismus 92
Einfühlungsvermögen 104 f.
Einkaufen 101
Eltern 17, 22 ff.
E-Mails schreiben 105
Erlernte Fähigkeiten 8 f.
Erwartungen 95
Extrinsische (äußere) Motivation 39, 96

F
Familie 24 f., 83
Fantasie 64 ff., 117 ff.
Fernsehen 102
Filmen 120
Fördertipps 81 ff.
Fotografieren 120
Fragebögen 28 ff.
Fremdsprachen 108
Fremdwörter 108
Freundschaften 24, 84 f., 93, 110

G
Gefühle ausdrücken 84
Generationen 83
Genie 8
Geschenke 119

H
Harmoniebedürfnis 91
Hilfsbereitschaft 90, 92
Hochbegabung 10, 20
Humor 86, 106

I
Individuelle Voraussetzungen 25
Intellektuelle Entwicklung 80 f.
Intelligenzquotient 13
Interkulturelle Kontakte 89, 108
Interpersonelle Kompetenz 30
Intrapersonelle Kompetenz 30, 34 ff.
Intrinsische (innere) Motivation 39, 94 f.

K
Knobelei 101, 103
Komponieren 116
Konzerte 115
Körperbewusstsein 111
Körperliche Entwicklung 54, 80 f.

Register

Kreativität 64 ff., 117 ff.
Kriterien für Tests 18 ff.

L
Langeweile 117
Leistungsmotivation 37 ff., 73 f., 94 ff.
Lesen 47 f., 104 ff.
Logisches Denken 43 ff., 101 ff.
Lösungen finden 120

M
Malen 117 ff.
Massagen 112
Modellbau 97 ff.
Motivation 37 ff., 73 f., 94 ff.
Musikalität 60 ff., 114 ff.
Musizieren 115 f.

N
Nachgiebigkeit 91, 93
Nachschlagen 108
Natur 119
Naturwissenschaften 103
Neid 87

O
Orchester 116
Orientierungssinn 98

P
Peergroup 24
Phrenologie 12
Praktisches Geschick 57 ff., 112 f.
Psychologie 13

R
Räumliches Denken 40 ff., 97 ff.
Reimen 105 f.
Reparaturen 113
Rollenspiele 84, 89, 92, 118

S
Schreiben 47 ff., 104 ff.
Schule 15 f.
Schülerwettbewerbe 103, 108
Schwimmen 110
Selbstlosigkeit 92
Skepsis 93
Soziale Kompetenz 29 ff., 70 ff., 83 ff.
Spiele als Logiktraining 101
Spiele, räumliche 100
Spiele, sportliche 111
Spielen 118
Sportabzeichen 110
Sportliche Fähigkeiten 52 ff., 109 ff.
Sportverein 110
Sprachentwicklung 48 f.
Sprachliche Fähigkeiten 47 ff., 104 ff.
Sprechen 47 ff., 104 ff.

T
Talent 8
Talentprofil 68 f.
Teamgeist 90
Technisches Zeichnen 99
Telefonieren 107
Test 32 ff.
Testauswertung 67 ff.

U
Umgang mit dem Test 28 ff.
Umgangsformen 86 f.
Umweltfaktoren 24 f.

V
Verträglichkeit 22, 34 ff., 72 f.
Vertrauen 91 f.
Vorbilder 94 f., 111
Vorstellungsvermögen 98

W
Werkzeug benutzen 112
Wissenschaftlich standardisierter Test 18 ff.
Wissensfragen 99, 102, 103

Z
Zeitschriften 101, 103
Zeitungen 104 f.

Das Original mit Garantie

Ihre Meinung ist uns wichtig. Deshalb möchten wir Ihre Kritik, gerne aber auch Ihr Lob erfahren. Um als führender Ratgeberverlag für Sie noch besser zu werden. Darum: Schreiben Sie uns! Wir freuen uns auf Ihre Post und wünschen Ihnen viel Spaß mit Ihrem GU-Ratgeber.

Unsere Garantie: Sollte ein GU-Ratgeber einmal einen Fehler enthalten, schicken Sie uns das Buch mit einem kleinen Hinweis und der Quittung innerhalb von sechs Monaten nach dem Kauf zurück. Wir tauschen Ihnen den GU-Ratgeber gegen einen anderen zum gleichen oder einem ähnlichen Thema um.

GRÄFE UND UNZER VERLAG
Redaktion
Partnerschaft & Familie
Postfach 86 03 25
81630 München
Fax: 089/4 19 81-113
E-Mail: leserservice@graefe-und-unzer.de

Impressum

© 2004 GRÄFE UND UNZER VERLAG GmbH, München

Alle Rechte vorbehalten. Nachdruck, auch auszugsweise, sowie Verbreitung durch Bild, Funk, Fernsehen und Internet, durch fotomechanische Wiedergabe, Tonträger und Datenverarbeitungssysteme jeder Art nur mit schriftlicher Genehmigung des Verlages.

Programmleitung: Ulrich Ehrlenspiel

Redaktion: Reinhard Brendli

Lektorat: Ina Raki

Umschlaggestaltung: independent Medien-Design

Innenlayout: Heinz Kraxenberger

Herstellung: Petra Roth

Satz: Knipping Werbung GmbH, München

Lithos: Repro Ludwig, Zell am See

Druck: Appl, Wemding

Bindung: Sellier, Freising

Fotos: Corbis: S. 2 (links), 3, 6, 11, 12 (Hultonarchive), 23, 29, 31, 43, 47, 57, 71, 74, 78, 83, 89, 90, 95, 109, 115, hintere Umschlagseite; Gettyimages: S. 4, 15, 20, 37, 39, 40, 53, 60, 64, 72, 77, 81, 85, 98, 102, 104, 107, 117, 118, 120; IFA: S. 33, 41, 56, 86; Mauritius: vordere Umschlagseite, S. 1, 2 (rechts), 17, 25, 26, 50, 58, 63, 92, 112; Anna Peisl: S. 49, 65, 111, 116; Zefa: S. 100

ISBN 3-7742-6212-8

Auflage:
5. 4. 3. 2. 1.
2008 2007 2006 2005 2004

Umwelthinweis: Dieses Buch wurde auf chlorfrei gebleichtem Papier gedruckt. Um Rohstoffe zu sparen, haben wir auf Folienverpackung verzichtet.

Die **GU-Homepage** finden Sie im Internet unter **www.gu-online.de**

Wichtiger Hinweis

Die Gedanken, Methoden und Anregungen in diesem Buch stellen die Meinung beziehungsweise Erfahrung der Verfasser dar. Sie wurden von den Autoren nach bestem Wissen erstellt und mit größtmöglicher Sorgfalt geprüft. Dennoch können nur Sie selbst entscheiden, ob die hier geäußerten Vorschläge und Ansichten auf Ihre eigene Lebenssituation übertragbar und für Sie beziehungsweise Ihr Kind passend und hilfreich sind.

Weder Autoren noch Verlag können für eventuelle Nachteile oder Schäden, die aus den im Buch gegebenen praktischen Hinweisen resultieren, eine Haftung übernehmen.

Ein Unternehmen der
GANSKE VERLAGSGRUPPE